《中华文明史话》彩图普及丛书

《中华文明史话》编委会　编著

中国大百科全书出版社

图书在版编目(CIP)数据

武术史话 /《中华文明史话》编委会编. —北京：中国大百科全书出版社，2012.10

(中华文明史话)

ISBN 978-7-5000-8958-2

Ⅰ.①武…　Ⅱ.①中…　Ⅲ.①武术－体育运动史－中国　Ⅳ.①G852.092

中国版本图书馆 CIP 数据核字(2012)第 125509 号

策 划 人：蒋丽君

丛书责编：胡春玲　马丽娜

责任编辑：杨寅辉

技术编辑：尤国宏　贾跃荣

责任印制：乌　灵

中国大百科全书出版社出版发行

(北京阜成门北大街 17 号　邮政编码：100037　电话：010-88390790)

http://www.ecph.com.cn

新华书店经销

北京佳信达欣艺术印刷有限公司印刷

开本：720×1020　1/16　印张：7　字数：78 千字

2012 年 7 月第 1 版　2012 年 7 月第 1 次印刷

印数：1～5000

ISBN 978-7-5000-8958-2

定价：18.00 元

《中华文明史话》编委会

《武术史话》

本书编撰：李重中　李小惠(兰州理工大学)

序

北京大学教授 辛德勇

我不是一个科班出身的历史学工作者，基础的中国历史知识，几乎全部得自自学。所谓“自学”，也就是自己摸索着读书。在这个过程中，一些篇幅简短的历史知识小丛书，给我提供过非常重要的帮助，是引领我步入中华文明殿堂的有益向导。按照我所经历的切身感受，像这样简明扼要的小书，对于青少年和其他普通读者了解中国的历史文化，应当会有更大的帮助。现在摆在读者面前的这套《中华文明史话》彩图普及丛书，就是这样一部中国历史知识系列专题读本。

编撰这样的历史知识介绍性书籍，首先是要保证知识的准确性。这一点说起来简单，要想做好却很不容易。从本质上来讲，这是由于历史本身的复杂性和认识历史的困难性所造成的，根本无法做到尽善尽美；用通俗的形式来表述，尤为困难。好在读者都能够清楚理解，

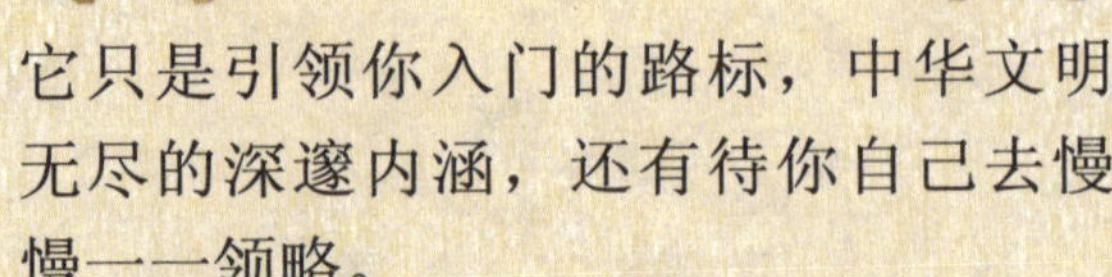

它只是引领你入门的路标，中华文明无尽的深邃内涵，还有待你自己去慢慢一一领略。

这套《中华文明史话》彩图普及丛书，在首先注重知识准确性的基础上，编撰者还力求使文字叙述生动、规范，深入浅出，引人入胜；内容则注重富有情趣，具有灵动的时代色彩，希望能够集知识性、实用性、趣味性和时代性于一体；选题则努力契合社会公众所关注的问题；同时选配较多图片，彩色印刷，帮助读者更为真切地贴近历史。

生活在物质文化高度发达的当代社会而来学习久已逝去的历史知识，经常会有人提出为什么要读这些书籍的问题。中国古代士大夫对历史知识价值的阐释，是“以史为鉴”，即在现实社会生活中特别是处理政务时借鉴历史的经验。历史知识这一功能，直到今天，依然存在，但并不是与每一个人都有直接的关系。对于大多数社会普通民众，尤其是对于青少年朋友来说，我想，历史知识虽然既不能当饭吃，也不能当衣服穿，但却是人类精神不可或缺的基本营养要素。读史会使人们的头脑更为健全，智慧更为发达，情操更为高洁，趣味也更为丰富。

2012年4月4日

CONTENTS

引 言……1

一、中国武术源流考……4
1. 中国武术的源与流……5
2. 军事武术的演进……19
3. 武术与武德……22

二、异彩纷呈的十八般兵器……24
1. 百兵之胆——刀……28
2. 百兵之王——枪……30
3. 百刃之君——剑……32
4. 百兵之首——棍……34

三、闻名世界的中国武术派别……36
1. 历史悠久的少林武术……37
2. 内家神功武当拳……41
3. 闻名遐迩的峨眉武术……44
4. 丝绸之路上的崆峒武术……46
5. 西域的天山派武术……49

四、丰富多彩的武术拳种……50
1. 稳健刚劲的南拳……51
2. 放长击远的长拳……53
3. 以静制动的内家拳……55

4. 形神兼备的形意拳…………56
5. 游龙走凤的八卦掌…………57
6. 风靡世界的太极拳…………59
7. 惟妙惟肖的象形拳…………62
8. 驰名中外的少林拳…………63
9. 源自大漠敦煌的拳种…………67

五、武功与武侠…………69
1. 武术与侠文化…………70
2. 功夫卓绝的侠客…………73
3. 中国武术的绝技…………76

六、中国武术与修身养性…………79
1. 武术与生命文化…………81
2. 武术与传统养生…………83

七、中国武术与表演艺术…………88
1. 武术与角抵、百戏…………89
2. 武术与舞蹈…………92
3. 武术与杂技…………94
4. 武术与戏曲…………95
5. 武术与文学影视作品…………97

结束语…………100
附录(中国历史年代表)…………101

引 言

中国武术有着悠久的历史，它是中华民族的先民们与自然、社会环境进行斗争的过程中萌生出的一种本能的个体技击能力。中国功夫即中华武术，是当前世界对中国武术的通俗称谓。中国武术与中华传统文化一脉相承，尤其是它博大的包容性更是中华传统文化的集中体现。时至今日，中国武术已自成体系，它把踢、打、摔、拿、跌、击、劈、刺等动作，按照一定规律组成徒手和器械的各种攻防格斗功夫、套路和单势练习，不仅具有强身健体的作用，而且还有防身自卫的功能及特有的审美价值，深受人们的喜爱。

中国武术具有博大精深的文化体系，它外取神态，内表心灵，彰显了民族性格，堪称世界民族传统体育的瑰宝。

武术是一种文化现象，它的形成与物质文明、精神文明的发展紧密相

关，是人们在劳动和军事生活中逐渐形成的对社会观念、信仰的反映。所以，不同历史时期的文化特征会在武术中得以遗存，以相对稳定的形式流传下来，并在社会的许多方面发挥其特有的功能。

作为一种文化现象，中国武术深受政治体制和环境生态的影响。可以说，中国武术“起于易、成于医、附于兵、扬于艺”，而且又在儒、道、佛诸家的影响之下在角抵、百戏中得到发扬。

中国是拥有悠久历史与文明的古国之一，它经历了人类文明史罕见的从未中断的延续发展，有着鲜明的承继性。考古发现，至少在数千年前，中国就存在较为成熟的原始习武操练活动。通过古代的岩画、石刻、砖画、壁画、雕塑以及大量的文献资料，我们了解到古代中国武术经历了自己高度的繁荣时期。当然，我们今天已无法一睹远古先人们的风姿，但从原始的岩画中，从朴拙的汉代画像砖石中，从斑斓的敦煌和新疆的壁画中，从铺张扬厉的汉赋中，从瑰丽多彩的唐诗宋词中，我们已经感悟到古代武术的姿态，体味出中国武术的万千气象。

中国武术作为一个整体意义上的文化形态，根植于中国传统文化之中，它不仅蕴涵着中国哲学思想之精华，又摄养生之精髓，并集技击之大成，而且还融传统美学之理，由此形成内涵广博的武术文化。如今，中国武术已经成为沟通中国和世界各国人民的桥梁，成为世界其他国家和民族了解中国的一个窗口。尤其是近二十余年以来，中国武术已发生了质的变化，它不仅完成了体育化、竞技化及国际化的改革，向规范化、科学化发展，武术的科学研究和理论建设也不断加强。为了积极稳步地把中国武术推广于世界，中国先后举办了多次世界武术锦标赛，并提出了力争尽快让武术进入奥运会的目标，从而使中国武术跨入了一个新的发展阶段。

一 中国武术源流考

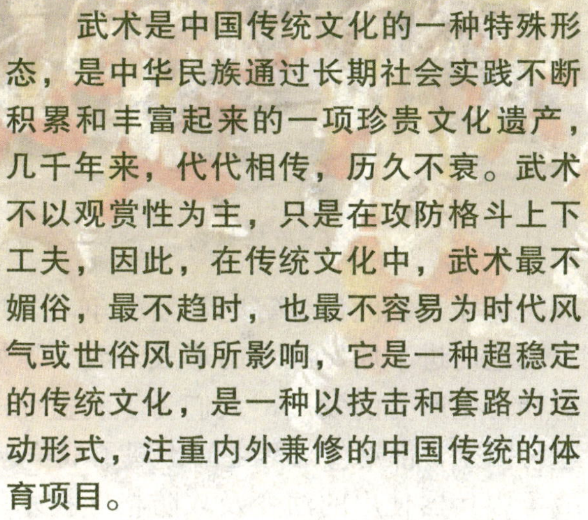

武术是中国传统文化的一种特殊形态，是中华民族通过长期社会实践不断积累和丰富起来的一项珍贵文化遗产，几千年来，代代相传，历久不衰。武术不以观赏性为主，只是在攻防格斗上下工夫，因此，在传统文化中，武术最不媚俗，最不趋时，也最不容易为时代风气或世俗风尚所影响，它是一种超稳定的传统文化，是一种以技击和套路为运动形式，注重内外兼修的中国传统的体育项目。

1. 中国武术的源与流

武术是一门综合性的运动，是以格斗技能为基础，吸纳或结合诸如狩猎、军事、角抵、武舞、巫术等元素，并在社会文化的进一步滋养下而逐步形成。

武术的起源，可以追溯到原始社会。原始武术的萌生和发展，与人类的生存竞争与原始战争是分不开的。早在数十万年前的旧石器时代，人们在与野兽的争斗中逐渐学会了徒手或使用木棒和石块等器具击打野兽的方法，于是就产生了拳打、脚踢、躲闪、跳跃等格斗技能。武术的萌芽与原始时期人与人的争斗有十分密切的关系。原始人群之间，为了争夺食物、领地，

原始部落战争——黄帝战蚩尤图

或为争夺首领的地位等时常发生争斗，这些人与人之间的战斗有力地促进了原始武术的形成。到了原始社会末期，尤其是随着社会生产力的发展，人们为了利益而产生了各种矛盾，在国家与国家、部落与部落之间出现了战争，便加速了武术的发展。战争中兵器使用的演变及攻防格斗技术的不断提高，对武术的发展起到了促进作用。

武术的起源也与“武舞”有关。武舞是表现人与兽或人与人搏斗的舞蹈，它应该是狩猎或战争场面的再现。舞者手执各种兵器，作击、刺、劈、砍等动作。这些武舞，既是战斗的演习、武艺的操练，也是原始击刺动作组合成武术的简单套路的萌芽。在中国内蒙古、宁夏、甘肃、新疆等地区考古所发现的岩画中可以寻觅到古代原始武舞的踪影。尤其是原始巫术活动的舞蹈中，也有不

左江岩画中的武舞图(原始社会)

● 云南沧源岩画上的武舞图

少武舞。巫术在早期的人类社会十分盛行，是人类在蒙昧阶段对物质世界和精神世界的一种认识形式和实用手段。中国武术正是从巫术文化氛围中获得了更为丰富的武术因素和创造灵感。

春秋战国时期，天下纷争，战争频繁，诸侯各国都是“以兵战为务”，十分重视军士的身体素质的训练，并开展相应的拳脚教习。如，齐国每年春秋两季都要举行全国性的“角试”，选

拔武艺高强者参军。又如魏国，武卒的挑选十分严格，被选中者要进行相应的武术训练，并被给予物质奖励，免除劳役。此外，冶炼技术的发展也使青铜兵器和铁制兵器在军队中得到了配备，这为中国武术的发展带来了新的契机。

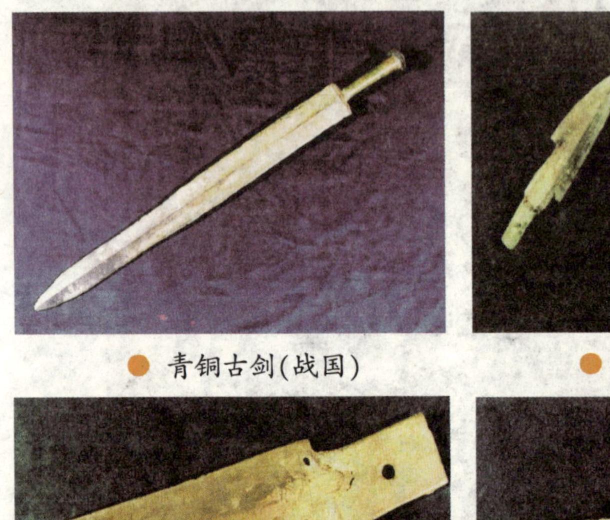

青铜古剑(战国)

青铜箭头(战国)

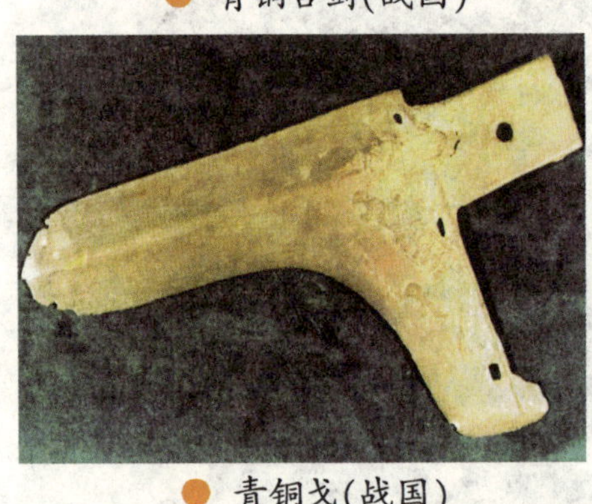

青铜戈(战国)

青铜钺(战国)

当时，只要有武艺高强的拳勇之人，一定要向上禀报，以使官府掌握习武的优秀人才。在当时的社会条件下，习武不仅可以改变人的命运、社会地位，还可以获得物质利益，改善生活条件。在崇尚武功风气的影响下，武术得到了进一步的成熟，形成了拳术和器械的进攻、防守、反攻等打法。这一时期开始盛行“佩剑与论剑之风”、“角抵之戏”及“游侠”，这标志着武技的社会功能向多样化发展，最突出的表现就是武技具有了表演性、竞技性和娱乐性。秦汉时期，秦始皇在统一六国，建

角抵图(漆画木篦 秦)

立秦王朝后，便“收天下之兵，聚之咸阳”，实际上就是在民间禁武，进一步强化封建统治。他虽然禁止民间习武，但军中习武的活动仍蓬勃发展，而且当时所盛行的角抵戏，又促进了武艺娱乐和观赏功能的发展。从湖北省江陵县凤凰山秦墓出土的漆画木篦上的角抵图中可以看到两两相搏的徒手比武形式。另据文献记载，秦二世在甘泉宫“集艺人作角抵俳优之戏”。汉代，由于受到北方匈奴的侵扰，十分重视武备和军事训练，甚至“兵民合一”，全民尚武之风盛极一时。这一时期，武舞也更

有明显的技击性，并且开始以简单的套路形式出现。这里还要提到的是象形活动被武术所吸收。如东汉末年，华佗受到动物动作的启发，创立了“五禽戏”。“五禽戏”只是模仿动物动作

华佗“五禽戏”

形态的导引或体操，并不具备攻防动作和攻防意识，它们并非真正的武术。但需要指出的是，这对后世象形类武术的创立，以及这些武术在吸收动物的动作方法以利养生方面，具有很大的影响和启发。从这个意义上说，它又是后世象形类武术的滥觞。

秦汉时期，不仅出现了不同风格的武术流派，而且还出现了许多与武术有关的理论著述。如在《汉书·艺文志》收入的“兵技巧”类就有13家，共195篇，其中有《手搏》6篇、《剑道》38篇、《逢门射法》2篇、《阴通成射法》11篇、《李将军射法》3篇、

秦汉时期骑射画像砖

汉画像石中的武术技艺

《望远连弩射法》15 篇……这是中国最早的武术专著。还有，东汉赵晔的《吴越春秋》等。其次，在文物史料汉代画像石（砖）上的比武图等，以及《史记·项羽本纪》、《汉书·李广苏建传》、《西京杂记》等中也有不少有关各种武术的反映。

到了三国时期，手搏、击剑、射箭等实用之术长盛不衰。刀已经成为军队中最主要的短兵器，刀剑之术以及角抵活动开始东传日本。

两晋南北朝时期，既是战争连绵不断，又是民族大融合的时期，南北武术也得到了融合的机会，并开始与佛、道相联系，促使武术向多种功能发展，武术不仅具有了习练的功能，而且还有健身和表演的功能。尤其应该肯定的是，“武术”一词就产生在这一时期。梁昭明太子萧统《文选》录有宋颜延年

北魏舞蹈、角抵、导引石雕方砚

魏晋射猎画像砖

《皇太子释奠会作诗》中的“偃闭武术，阐扬文令”之句。这是迄今有关“武术”一词的最早记载。另外，在两晋南北朝的梁代，出现了武谱，致使武术的理论体系走向成熟，并完成了“击有术、舞有套、套有谱”的构架。

重装骑兵和步兵作战图(西魏)

隋代开始，中国有了选拔官吏的科举制度，同时也选拔武技人才。科举制度一直延续到清代，影响了中国一千余年。到了唐武则天时期，又创立了武举制度，以考试选拔武勇人才。武举科的考试内容有十项：长垛、骑射（马射）、马枪、筒射、步射、穿劄、翘关、负重、才貌、言语。这一制度的设立，使人们看到了以武入仕的可能，激发了更多人的习武热情，武术也由此得到了更广泛的发展。

隋唐时期，器械武艺，如弓、弩、枪、剑、棍、戟、刀、匕首、链锤等得到了迅速的提升，可谓千姿百态，丰富多彩。另外，角抵、剑舞、矛舞、狮舞等形式越发多样，出现了武术与艺术相互联系和融会，武术呈现出欣欣向荣的景象。

棍术俑(唐)

宋元时期，民族矛盾尖锐，战争频繁，因此统治者非常重视加强武备和军事训练，如设置武学和武举来专门教授弓骑射等技能，通过规范和系统严格的军事训练来培养和选拔军事人才，并考查应试者对兵书、策略的熟悉和理解能力，要求文武并举。《武经总要》就记述了当时军事武技训练的内容。另外，由于当时西夏、辽、金、元等少数民族政权的存在，频繁的战争促使了兵器种类大增，形制复杂，出现了“十八般武艺”的记载，这为后世民间武术器械的丰富创造了条件。同时为了抵御外敌，民间自发组织起了各种武术团体。如“英略社”、“弓箭社”、“忠义巡社”、“角抵社”、“相扑社”等。不过乡村武术社团侧重军事实

小儿相扑俑

用性，而城市武术社团注重健身娱乐，把武术列为表演内容，统称“百戏”。随着商业的繁荣，城市还出现了游艺场所“瓦舍”、“勾栏”，专门进行各种武艺表演。这足以表明宋元时期武术在社会上的地位和它的历史作用。

明清时期，各种武术技法异彩纷呈，创造了刀、枪、剑、棍的众多门派，拳种拳派增多，创立了内家拳、梅花拳、太极拳、洪拳、八卦掌、形意拳、南拳等，尤其是少林拳已名扬天下。导引养生术也与武术结合，内功就此形成，从而使“内外

枪术技击图(明代 山西太原重善寺壁画)

兼修”成为中国武术区别于世界其他技击术的重要特征之一。同时，武术的理论研究有了较大的突破，如俞大猷的《正气堂集》，戚继光的《纪效新书》、《练兵实记》、《练兵杂纪》，吴殳的《手臂录》，唐顺之的《荆川文集》，茅元仪的《武备志》，王宗岳的《太极

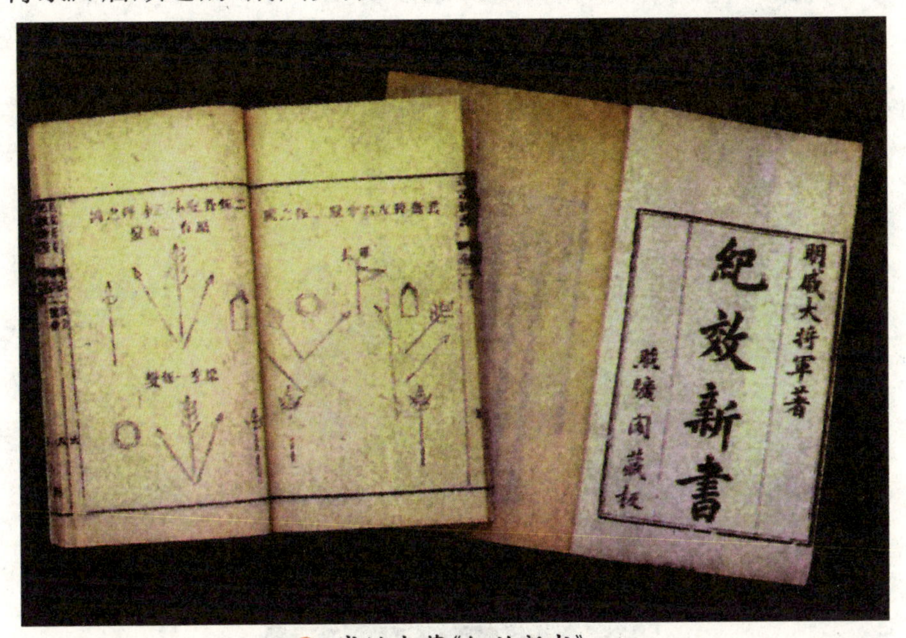

戚继光著《纪效新书》

拳论》等。明清时期这些有关武术的著作大量出现，反映了武术在理论方面的成熟。

可以说，武术文化的成熟形态在明清形成，各种拳种拳派的理论及技术均铸有深刻的武德文化内涵。它不仅为后世武术的发展开创了广阔的空间，而且也确立了中国武术在世界武坛的地位。

辛亥革命后的中国百废待兴，一些社会名流和教育家号召“强国活种”，因此，武术就被作为一种尚武强国的重要教育手段推向学校，列为正式课程。

民国时期，武术发展出现了两个影响深远的武术团体：一

个是霍元甲创立的精武体育会，一个是张之江在南京创立的中央国术馆。此后，在全国各地相继成立了百余个武术团体组织，从而使得武术打破了门户之见，突破了传统的师徒身传口授的传承方式，促进了武术的普及和推广。

霍元甲

张之江

这时期武术发展的另一个特点是开始组织各类形式的武术竞赛活动。1923 年 4 月，在上海举办了中华全国武术大会。在民国时期的第 3、5、6 届全国运动会上，武术被列为竞赛项目，人们开始从体育观的角度来认识武术。

新中国成立后，武术作为一项优秀的民族文化遗产受到了应有的重视。1957 年，武术第一次被列为国家竞赛项目，全国武术评奖观摩大会也在这一年举行。1958 年，中国武术协会成立。1959 年国家体委颁布了《武术竞赛规则》，制定了《武术运动员技术等级标准》和《竞赛规定套路》。1997 年，经原国家体委批准颁布了《中国武术段位制》，将武术段位定为三级九段。2009 年 7 月 10 日国家体育总局召开了专门会议，对武术的概念做了定论："武术是以中华文化为理论基础，以技击方法为基本内容，以套路、格斗、功法为主要运动形式的传统体育。"改革开放以来，各体育院校相继设立了武术院、系，以及硕士点、博士点。教育部制定的《体育教学指导纲要》把武术列为体育课程内容。大学还设立了武术高水平运动队。国家和各省、市、自治区每年举行各种类型的武术比赛及国际性的武术比赛。全国各地还设立了许多武术辅导站，并先后成立了"亚洲武术联合会"、"国际武术联合会"、"欧洲武术联合会"、"南美武术功夫联合会"、"非洲武术联合会"，这些洲际武术组织辐射面较广，为传播中国武术起到了重要作用。现在，武术运动已风靡世界，武术运动得到了更为广泛深入的发展。

2. 军事武术的演进

武术和军事有着密切的血缘关系，这是由二者的攻防格斗本质所决定的。它们之间的相互渗透与促进不仅表现在武技上，更多的则是反映在战略战术等基本思想理论上。尤其是在冷兵器时代，武技是作为战争厮杀的最直接手段而存在的，因此也受到国家和民族的高度重视。

中国的冷兵器由石兵器、铜兵器发展到铁兵器，始终没有改变冷兵器的基本性能和集团战术的性质。冷兵器时代是以集团的密集方阵队形，在严格的军纪约束下，进行冲击和格斗，

铜殳(战国)

弩(战国)

充分体现人多力量大的集团作战形式。其武技是士卒在战场上进行厮杀的主要技术，并在实战中涉及各种攻防技术和理论，如用枪者必以扎为主要进攻方法，用刀者必以劈砍为主要进攻方法，用盾者必以挡为主要防守方法。这种攻防技术随着武术从军事中逐渐剥离而被武术套路所汲取，形成了观赏性极强的武术对练项目。

汉代戟对剑画像石

中国自宋太祖开宝三年（970）就开始将火药用于兵器，并发明了喷火的管形武器，设立了专门制作火药武器的作坊，致使中国军事上进入到冷兵器和火器并用的时代。到了明清时代，由于火器得到了不断改进，其性能得到了迅速的提高，火器的种类也越来越多，从而导致火器在军事上的作用日益增大；与此相反的则是冷兵器日益消退。这进而又影响到武术的实用价值，武术逐渐退出了军事需要，这也必然促使武术走上了一条探索发展的新道路。

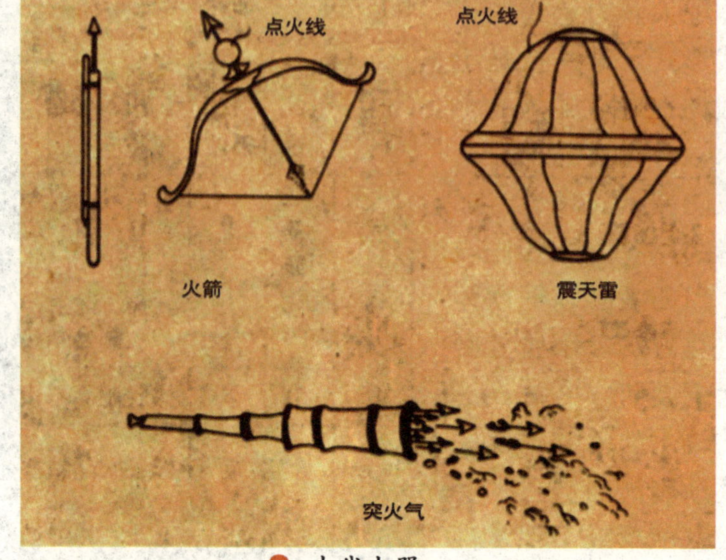

古代火器

由于武术失去了原有的军事作用，因此，武术也就不能再像从前那样受到国家的重视，武术开始转向民间寻找可资利用的发展空间。武术与导引养生术和体操融合，形成了一种强身自卫的运动形式，既继承了武术的技击特点，以满足人们自卫的需要，又能变武术为人们健体养生方面的需求，达到一种精神的满足。

3. 武术与武德

中国是举世闻名的礼仪之邦。礼是中国传统文化的核心，是中国人文精神的体现。礼仪强调内在德行的能动作用，把道德作为礼仪的依据。“德”是礼的灵魂。社会安定与和谐，都要依靠道德来维系。而中国武术一向“尚武崇德”，重礼仪、讲道德。武术谚语中有“未曾习武先学礼，未曾习武先习德”，充分显示了武德教化在武术传授过程中所表现出的“道德至上”

的文化特征。中国武术始终把武德列为习武的先决条件。武德，即武术道德，是指从事武术活动中形成的对习武者行为规范的综合要求。它包括习武者在社会活动中必须遵循的道德规范和必备的道德品质。武德对习武者的心性修养、道德作风、精神境界等具有较深的影响，从而达到“德”与“艺”（武技）的统一，致使尚武与崇德成为习武者必须具备的两个密不可分的素质。

“武德”一词在中国古代文献中早有记载，但被引用到武术中却是比较晚的事。武德的主要内容有“仁、义、礼、信、勇”等方面，它要求习武者在生活处世、择徒拜师、授艺习武、施武用武等方面都必须遵守“武德”要求。如在生活处世方面要求习武者为人谦虚好学，尊敬师长；宽厚谦逊，诚实守诺；俭朴素淡，戒酒避色；己所不欲，勿施于人等。在择徒拜师方面强调“学拳宜以德为先”，“为武师，须教礼，德不贤，不可传”等。在授艺习武方面崇尚以身行道，以技显德。在施武用武方面要求习武者必须要有手德、口德、公德。手德指比武对擂时不能以武伤人，不能轻易出手，讲究“点到为止”。口德是指不能以恶语伤人。公德是指习武者必须遵纪守法，以武济世，伸张正义，扶危救困，见义勇为，要具备坚贞的民族气节和忠诚的爱国热情。这说明，武术已由“术”升华为一种“道”，是一种人生哲理。武术要求习武者注重体魄和心性的统一与和谐，这种教化已经达到一种出神入化的境界，蕴涵了丰富的人文精神。

武德是中国历代习武者的共同信仰和精神价值取向，也是调节、规范习武者行为的最基本手段。武德在长期的历史积淀、传承之中，已经同人们的生活方式、思维模式、行为准则、道德情操、审美情趣、处世态度和风俗习惯融为一体，成为中华民族伦理道德思想的重要组成部分。

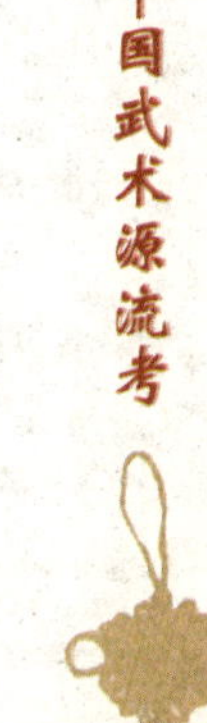

二 异彩纷呈的十八般兵器

“十八般武艺”，即使用十八种兵器的技艺，这种说法最初见于宋代戏文《张协状元》，泛指多种武艺，并非固指武艺的十八种内容。明万历年间谢肇□《五杂俎》上记载：“十八般：一弓、二弩、三枪、四刀、五剑、六矛、七盾、八斧、九钺、十戟、十一鞭、十二锏、十三挝、十四殳、十五叉、十六把头、十七绵绳套索、十八白打。”前十七种均为兵器的名称，第十八种是徒手搏击的技艺。

兵器的分类是根据其形状和使用方法而定的。在形状上一般分为长、短、硬、软、单、双和带钩、带刺、带尖、带刃等类型；在使用方法上大致分为抛射器械、短器械、长器械、双器械、软器械等。目前，武术竞赛中主要的器械项目是刀、枪、剑、棍。按照使用方法的分类，属抛射器械的有弓、弩、箭矢、铳等；属长兵器的有戈、矛、枪、棍、殳、杵、杆、杖、棒、斧、钺、戟、（长杆）大刀、把头、扒、挝、铲等；属短兵器的有剑、（短柄）刀、鞭、锏、钩、镰、锤、拐、环等；属软兵器的有链、绵绳套绳等；属徒手的武艺，统称为“白打”。其中，抛射兵械中还有飞刀、袖箭等；长兵器中还有抓子棒、三尖两刃刀等抓棒合体或由刀、锤等器加长柄杆而改制成的兵械；短

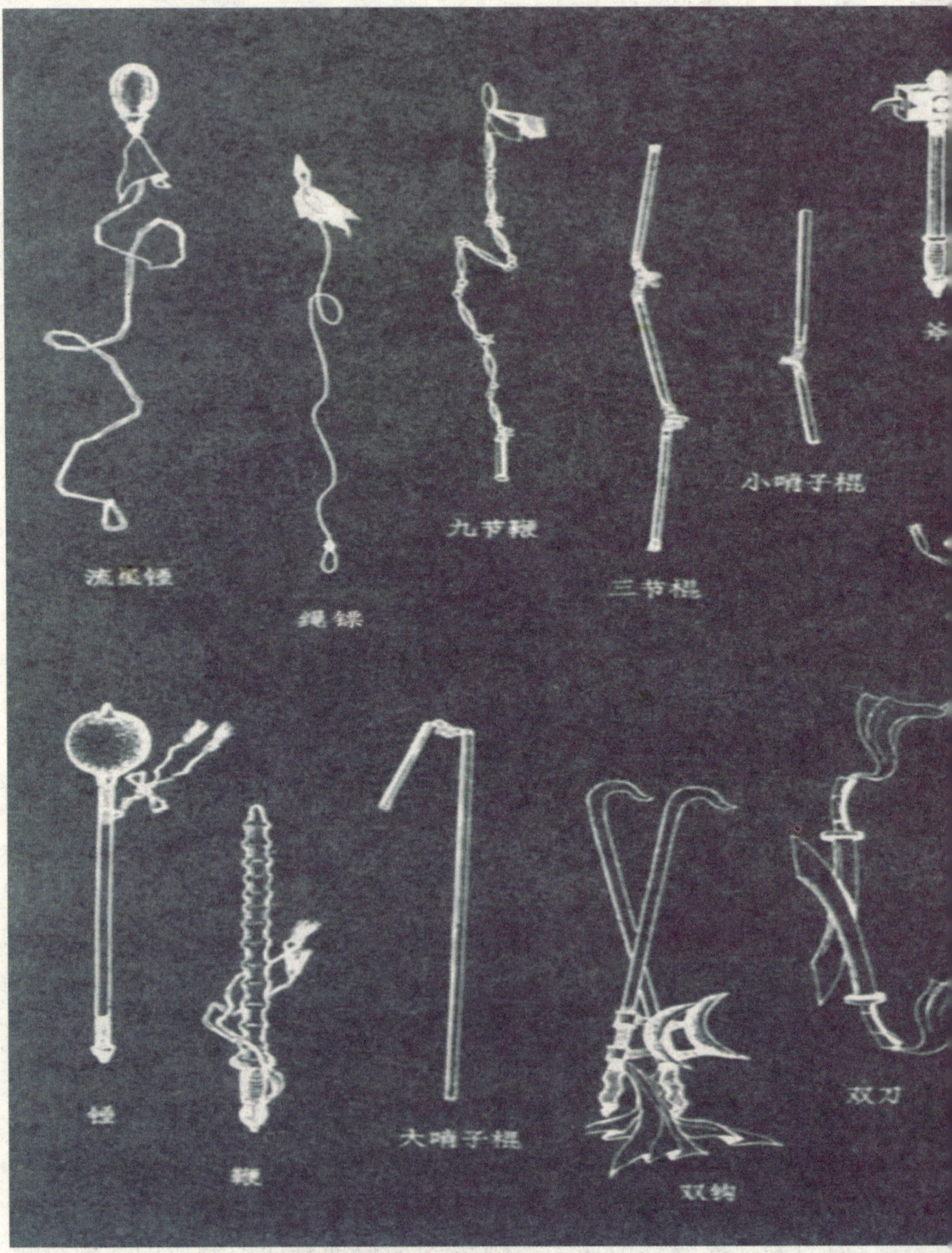

武术器械示意图

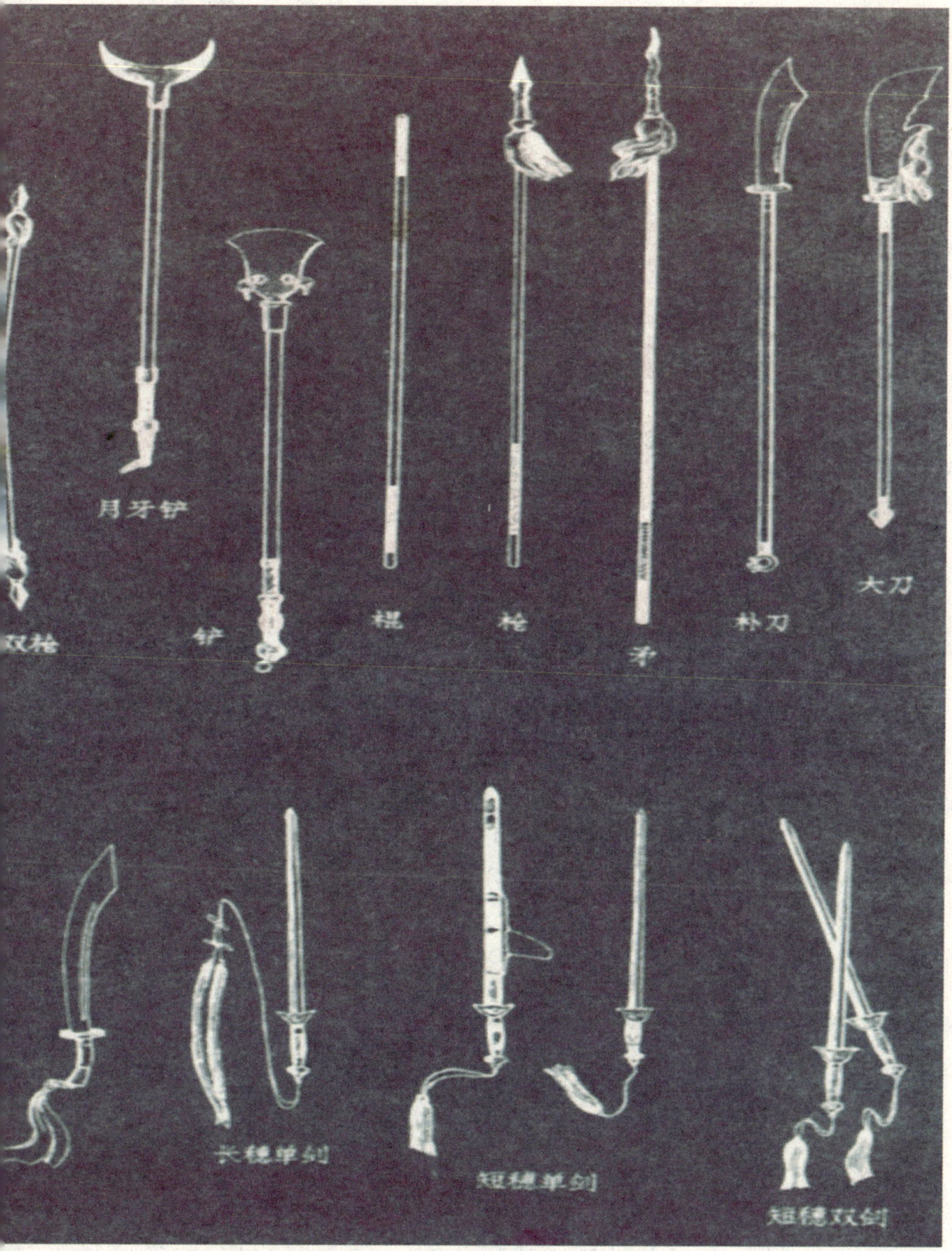

双枪
月牙铲
铲
棍
枪
矛
朴刀
大刀
长穗单剑
短穗单剑
短穗双剑

兵器中还有鞭杆，以及匕首、鸳鸯钺、阴阳锐、状元笔、铁尺等短小兵械；软兵器中还有绳镖、三节棍、三仙叉等。

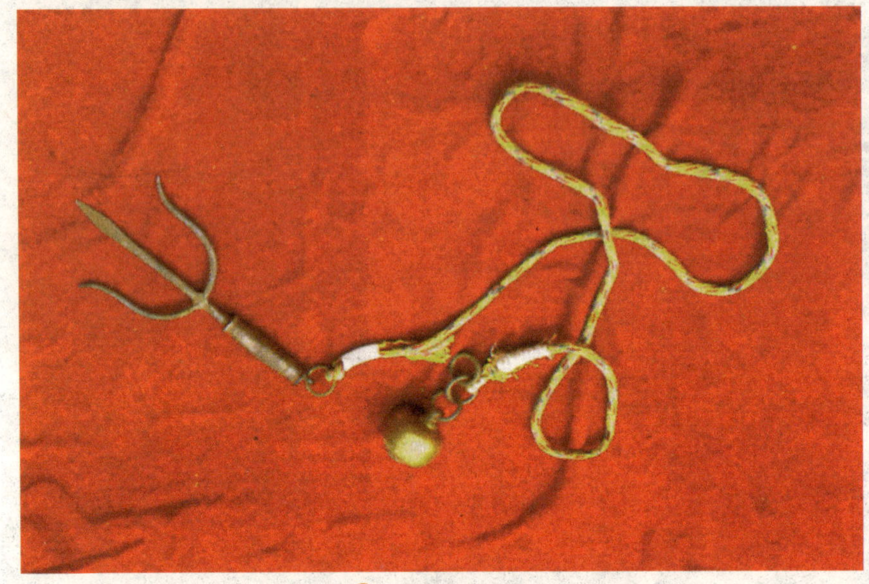

三仙叉

武术器械是武术演练用的器械，主要由古代兵器演化而来。古代兵器除用于实战外，大多在其发展过程中用于演练、防身或健身。现代武术器械有很多种，最常用的是刀、枪、剑、棍等。刀为“百兵之胆”，枪为“百兵之王”，剑有“百刃之君”的美称，而棍为“百兵之首”。

1. 百兵之胆——刀

刀是武术中最常用的器械，为十八般兵器之首，使用一面刃。刀有大刀、小刀、长刀、短刀、手刀、飞刀之分，又有单刀、双刀、藏刀之别。刀由刀尖、刀身、刀刃、刀背、护手(刀盘)、刀把组成。刀尖、刀刃为最锋利部位，主攻；刀背宽厚坚固，主防。习武中常见的刀法有砍、劈、撩、云、斩、抹、

大刀、单刀、双刀

刺、挂、崩、格、背、藏、截、绞、缠头、裹脑、扫、按、推、架、分、带、点等。并配合各种步型、步法、跳跃等动作构成套路。

刀有主猛、主劈、主割、主捅之功能，中国武术中常用刀气来概括刀艺的发挥。古时士卒短兵相接，以用刀者为多。舞起刀来，刀风呼呼，寒光逼人，只闻刀风，不见人影，勇猛威武，雄健有力。这种“猛虎般”的风格，是由刀的构造和练法决定的。

2. 百兵之王——枪

枪在古代称作矛，为刺扎的兵器，杀伤力很大，有“枪扎一条线”之说法。其长而锋利，使用灵便，取胜之法，精微独到，其他兵器难以匹敌。故称为“百兵之王”。《宋史·李全传》载，反金起义军女首领杨妙真的杨家梨花枪法精妙非常，杨曾自诩：“二十梨花枪，天下无敌手。”

大枪

双头双枪

枪有长枪、短枪、大枪之分，又有单枪、双枪之别。枪由枪尖、枪缨、枪杆组成。枪尖为钢铁打制，原始社会枪尖以竹、木削成。枪缨古时多用马鬃制成，今用细麻丝制成。枪杆古多铁制，今用白蜡木杆。枪的长短不同，名称也不同。

枪术（李淑红）

枪术是武术竞技项目之一。主要动作为拧、刺、拦、拿、扎，还有崩、点、穿、挑、云、劈等枪法，配合各种步型、步法、跳跃构成套路。枪术除单练外，也可与其他武器对练，如大刀对枪、剑对枪、三节棍对枪等。练枪时，身法要求灵活多变，步法要轻灵快速。枪术在十八般武艺中较难。

双刀对单枪

枪法流传较多的有罗家枪、杨家枪、岳家枪、马家枪、沙家枪、六合枪、八母枪、子龙枪、大梨花枪和峨眉枪等，各有精研，各有所长。

3. 百刃之君——剑

中国兵器以剑为尊。剑，属双刃短兵，素有“百刃之君”的美称，剑有大剑、长剑、短剑、穗剑之分，又有单剑、双剑之别。剑的结构分剑身、剑柄。剑身由剑刃、剑尖、剑锋、剑

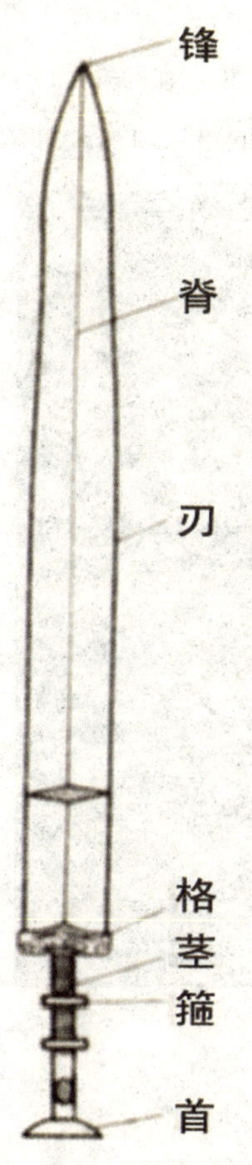

剑的结构示意图

脊组成；剑柄由剑格（护手）、剑柄、剑首组成。此外还有剑鞘、剑穗等附物。剑穗又称为“剑袍”，带剑袍的剑称为“文剑”、不带剑袍的剑称为“武剑”。剑最早出现在殷商以前。春秋战国时，斗剑、佩剑之风盛行，剑术理论也相应得到发展。汉代，击剑更是风行一时，不少人以剑术显名于天下。隋唐时，剑形十分精致华丽，对后世影响很大。宋代以后，击剑之风逐渐为剑舞所代替。剑在古代，除了作为格杀的兵器、锻炼武艺的器械外，还有其他多种用途，如剑被看作权力和地位的象征；剑被佛、道两家作为法器；剑被作为礼仪中显示地位等级的标志；剑被作为文人学士的风雅佩饰之物。

相邦剑(战国)

剑的演练形式有单练、对练和集体练三种。剑术讲究动静、虚实以及身法、手法、步法的配合协调。

剑有挂、刺、点、撩、截、格等技法，其功在把中，劲在腰肋，能在臂膀，力在尖刃，法在挂化之中。其动作讲究挂剑如流水，剑指如蛇击，剑法求清脆。其要求是：单剑看点挂，双剑看轮回，长剑看龙势，短剑看龙行，穗剑看穗头。百招运

化重在剑神合一。

主要剑术套路有：太极剑、武当剑、昆仑剑、峨眉剑、达摩剑、八卦剑、青龙剑、飞虹剑、龙凤剑、八仙剑、七星剑等。

剑术（李淑红）

4. 百兵之首——棍

棍为无刃长兵器，素有“百兵之首”之称。棍有粗细之分，长短之别，其种类有大棍、三节棍、大梢子棍、小梢子棍、齐眉棍等。棍术以劈、扫、戳、挑、裹、翻、砸、点、崩、花等招法为主，并配合步型、步法、身法等构成套路。棍术的特点是刚劲神速、招数多变、运动范围大。其形式有单人练、集体练等。各家棍术虽有不同，但在要求上仍有共同性。例如：“练棍要手臂圆熟，身棍合一，力透棍尖，风声呼呼。”舞棍要勇猛、快速、有力，双手执棍，开合、旋转要圆熟自如。练棍

棍

大梢子棍

要做到心里要熟，外表要生；熟是技术性，生是真实性，熟和生的结合就是技术性和真实性的统一。所以拳谚说：“枪扎一条线，棍打一大片。”棍谱说：“棍起空灵多变化。”

棍是诸多武术器械中最为基础而便利的兵器，习武之人若不练棍术，不懂棍术，也就不可能练好其他的兵械。

三

闻名世界的中国武术派别

中国武术的派别往往是依托山川名胜而自然形成的。少林、武当、峨眉、崆峒、华山、天山等各派武术均依托名寺名山，结合佛教或道教，形成闻名世界的武术宗门。

1. 历史悠久的少林武术

少林武术，起源于位于河南省登封县城西北方向的嵩山少林寺。少林武术是中国武术中范围最广、历史最悠久、拳种最多的武术门派。它以刚劲威猛、变化莫测的武术风范，傲立于中国武林，流传千古。

少林寺创建于北魏孝文帝太和十九年（495）。当时，天竺（今印度）僧人跋陀由西域到达中国，得到虔信佛学的孝文帝的礼敬。跋陀见嵩山很像一朵莲花，便在此建寺，孝文帝遂在少室山上建造少林寺供养跋陀。北魏孝昌三年(527)，印度南天竺禅宗第二十八代祖师菩提达摩进入少林寺首传禅宗，故达摩被称为中国佛教禅宗的初祖，少林寺也因此被誉为中国佛教禅宗的祖庭。达摩以后传法于二祖慧可，慧可传三祖僧璨，僧璨传四祖道信，道信传五祖弘忍，弘忍传六祖慧能，是为东土六祖。禅宗的宗旨在于达摩大师的名言："不立文字，教外别传，直指人心，见性成佛。"这也是少林禅宗最具特色的修行方法。中国武术在少林禅风的影响下，使单纯的用于格斗的武术具有了

少林寺

禅的灵魂。由此，中国武术将武艺和禅风相融合，创立了独特的少林武术体系。

少林寺之所以闻名，还有一个重要的原因，便是在7世纪初的秦王李世民讨伐王世充的作战中，少林十三僧人奋力助战，活捉了王仁则，逼降王世充。李世民即位后，对昙宗、志操等十三人给予赏赐，并建立僧兵，论兵讲武之风于是大盛。在这种情况下，为了提高实战能力，寺僧不仅练拳术、器械，而且也练马战、步战、轻功、气功等。寺僧还经常邀请各地武术名家指教。各方武术名人也慕名而至，取经送宝。这样，少林寺实际上已成为全国会武之地，少林武术逐渐成为中国武术第一门派。

宋代，太祖赵匡胤是少林寺俗家弟子，他十分喜爱练武习艺，并创造了多种拳路。到了金元时期，少林寺有了更大的发展。

元代名僧紧那罗王传授少林寺棍法而自成一宗。后来少林派拳术大师白玉峰、觉远、李叟等人入寺授技，并精心研究少林拳法，同时进行拳法的整理和传授。他们将少林拳中的“罗汉十八手”发展到一百七十三手。

明代抗倭名将俞大猷，也曾在少林寺传授实用的棍术。这

少林寺习武壁画

样，少林武术就与诸家流派取长补短，互相促进，经过历代研练和总结，逐步发展成为有拳法、器械等多种内容，体系完整、套路精湛的武术流派。

从地域上，少林又可分为北少林和南少林两大流派。南少林又是南拳之祖，以五拳为基本拳法，有龙拳练神、虎拳练骨、豹拳练力、蛇拳练气、鹤拳练精之说。少林武术内容丰富，套路繁多，按性质大致可分为内功、外功、硬功、轻功、气功等。内功以练精气为主，外功、硬功多指锻炼身体某一局部的刚猛之力，轻功专练纵跳和超跃，气功包括练气和养气。另外，还有少林绝技，如梅花桩功、沙包功、铁颈功、龙爪功、铁布衫功、拈花功等。按技法又分拳术、棍术、枪术、刀术、剑术、技击散打、器械和器械对练等共一百多种。

少林铁颈功

据记载，少林寺原有三十六硬功、三十六软功。之后，又有少林寺的方丈、和尚根据硬功和软功，结合自己的武术功夫，编著了《少林七十二艺》一书，内容十分详细，比较系统地整理和总结了少林内外功，堪称“少林正宗七十二艺”，也是少林寺秘功。

以上不难看出少林武术流传的状况及社会影响。而少林僧人借武术光大少林寺宗门的禅风，形成了“拳禅如一”的法门，亦使少林武术成为具有世界影响的中国佛教文化的一部分。

2. 内家神功武当拳

武当山又名太和山，坐落在湖北省西北部，汉江南岸，是一个环境清幽、风景秀丽的地方。据《太和山志》和《均州志》记

武当山

载，自周朝以来，就有养生炼丹家和道士在武当山修炼，他们注重静心养性，弃世绝俗，长居深山岩洞。元末明初著名道士张三丰根据道教道术中的导引法，参照华佗的“五禽戏”，综合古代各方拳技特点，创造出更适合于防身保健的武当内家拳。明清文献对张三丰的道功神技多有记述。习练此类功法者，只要持之以恒，掌握练“意”和“气”的原理，就能体会到“尚意不尚力”“四两拨千斤”的意境，从而起到“防身保健”，“延年益寿”，“耳目聪明、齿牙完坚”，“祛病御疾”的功效。

武当武术摄养生之精髓，集技击之大成，不仅有其独特的拳种门派，而且理论上也独树一帜，自成体系。它把中国古代太极、阴阳、五行、八卦等哲学理论，用于拳理、拳技的练功原则和技击战略中，使武当内家功具有了探讨生命本真的意义。后经历代宗师不断地充实和发展，武当武术派生出众多的门派和种类，内容十分丰富，其中包括太极、形意、八卦、纯养拳、太和拳、武当童子功等拳术套路，太极枪、太极剑等各种器械术，轻功、硬功、绝技及各种强身健体的气功等武当武术。

武当武术的功法特点是强筋骨，强调内功修炼，讲究以静制动，以柔克刚，

● 武当太极拳(郭高)

以短胜长，以慢击快，以意运气，以气运身。也就是说同少林派中筋骨皮肉的外部训练不同，武当武术更注重精、气、神的内部修炼，强调的是舒缓、沉稳、圆融。由此派生出许多内家功的打法，“顺人之势，借人之力”、“四两拨千斤”等。武当武术不主张进攻，亦不可轻易侵犯。

武当武术追求“无思无为，随心所欲”的上乘境界。这些门派众多的武当内家功夫，成为中国武术极为宝贵的组成部分。

3. 闻名遐迩的峨眉武术

峨眉山位于四川省中南部，是中国佛教四大名山之一。有文献记载，“峨眉十二桩”系南宋建炎元年（1127）金顶寺高僧白云禅师根据道家内养炼丹术、导引吐纳法和医家对人体阴阳虚实脏腑盛衰的机理，结合佛门中的一些动静气功的功法与峨眉武术中的技击之法融为一体而创编的一种融“桩”“技”为一体，合身心为一炉的健体强身、防身自卫的功法套路。

有关峨眉武术的最早记载，可以追溯到明代唐顺之（1507～1560）的论著《峨眉道人拳歌》（见《荆川先生文集》卷二）。

峨嵋山

书中形象地描述了峨眉道人深厚的武术功夫。其硬功，一顿足则“崖石迸裂惊沙走”，其武技“拙里藏机人莫究”，其盘功柔术“百折连腰尽无骨”，其灵活“一撒通身皆是手”，其内功修为“余奇未竟已收场，鼻息无声神气守”。从起势到收势，变化莫测。明代吴殳著《手臂录》一书中有《峨眉枪法》一卷，其序言中有“峨眉枪法系峨眉僧普恩传”的叙述。枪法内容有“治心、治身、宜静、宜动、攻守、审势、戒谨、倒手、扎法、破诸械、身手法、总要”等篇章，丰富了峨眉派的理论。

到清朝，峨眉拳术在民间广为流传，形成多种派别，丰富了峨眉派拳术。仅独具特色的峨眉拳术就有近300种之多。除著名的峨眉枪法、峨眉拳外，还有各具特点的峨眉火龙拳、牛角拳、跛子拳、猴拳、鸭形拳等。

峨眉武术显著的特点是：内修外练，刚柔并济，桩技一体，形神合一，出手指掌当先，身法柔灵步为先，五峰六肘活为先。技击上讲究擒拿封闭、背锁刁揉、钩弹针踢、吞吐浮沉、后发先至，实战中要求粑粘联钩搭、套托随掤挤。其步型有虚步、长步，主要步法有蛇形步、箭步、兔子步、梭步、两并步等。

峨眉武术以其独特的风格，林立于中国众多武术门派之中，丰富了中国武术，具有重要的价值。

4. 丝绸之路上的崆峒武术

崆峒山位于甘肃省平凉市西，属六盘山系，是古代“丝绸之路”西出关中第一山，历史上为中国道家名山。其取名是道家空空洞洞、清净自然之意。

崆峒武术是道家俗家武术门派，它起源较早，《尔雅》中载：“崆峒人武。”据传崆峒武术是由唐代道人飞虹子（甘肃人）所创，由于各种历史原因，现存资料甚少，大部分已失传。崆峒武术共分八门类，每门各有十余套拳法。

飞龙门是崆峒派武术的初级门，包括飞龙拳、飞龙掌、飞龙刀、飞龙枪、飞龙剑、飞龙棍、飞龙铲、飞龙双钩、飞龙双鞭等。

追魂门攻击的招式多变，招招紧逼，如追魂棍、追魂双钩、追魂双铲、追魂双鞭等。

夺命门的特点是猛烈，不留活路，内容有夺命拳、夺命掌、夺命剑、夺命棍等十几个套路。

醉门主要分文武两类，称“文八仙”和“武八仙”。文八仙重醉态的表现，武八仙着重跃、跌、扑、腾、跳等动作。醉门中的套路较多，如文醉拳、武醉拳、文醉剑、武醉剑等，都是文武各一套，拳、掌、刀、枪、剑、棍、钩、铲、鞭齐备。

神拳门（即太极门）是崆峒派武术中攻击性最高的武功。所谓神拳，如游龙一般，神出鬼没，招式诡秘，以内气伤敌内脏，各种兵器亦以气伤敌，是崆峒派拳术中的真功夫。此门中同样有拳、掌、推手、刀、枪、剑、棍等十几种套路。

花架门是结合敦煌壁画上的飞天造型而创立的。造型优美，攻击巧妙，适合女性习练。此门有出水芙蓉、香飘宇庭、笑傲乾坤、风流扇、桃花扇、花架拳、花架枪、花架剑等十几种套路。现较为流行的木兰拳、木兰扇、木兰剑即根据花架门拳法改编而来。

奇兵门是崆峒派武术中最具特色的一门。其特点在于所用兵器短小及排兵布阵的阵法奇特。其中兵器有风火五行轮、风火扇、挎虎篮、飞爪、拂尘、连枷、铁琵琶、判官笔、翻天印、太统法铃等。阵法有太极阵、七星回天阵、八卦阵、十面埋伏阵、十二生肖阵、二十四天魔阵、二十八宿造天阵、三十六游龙阵、四十八降妖阵、六十四卦齐天阵、八十一通天奇门遁甲阵等。

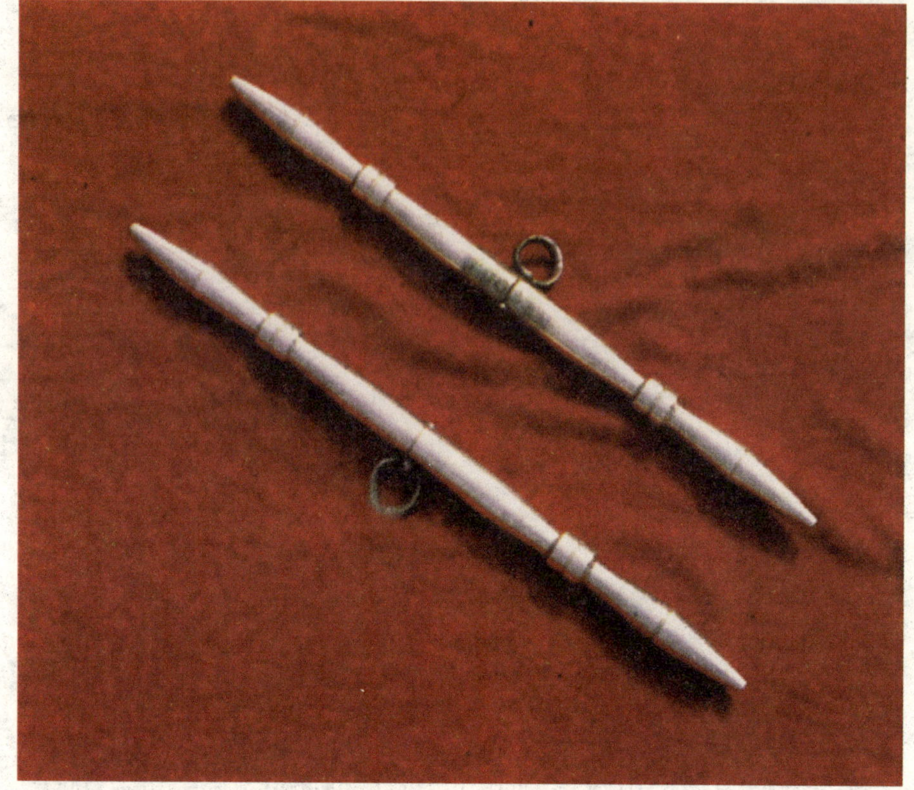

判官笔

玄空门是崆峒派秘传之宝，有燕式古太极八式、无相神功、达摩神功，以此修炼内功，并有以针灸、中药、易经、气功结合而成的疗病方法《易通疗法》，是崆峒山镇山之宝。

崆峒武术的特点是以柔美为主，身、步、手法多以弧线、曲线形成，颇似舞蹈，十分具有美感。攻击时动中有静，静极生动，刚柔相济。所用器械以短、小、轻、柔、奇为特色，如扇、拂尘、剑、五行轮、鞭杆等。如今，崆峒派武术还传承下“玄鹤拳”和“条子功”等。

崆峒武术与道家融会结合，空意空识，显得道气十足。它对现代武术套路的发展具有重要参考价值。

5. 西域的天山派武术

天山山脉位于中国西部和哈萨克斯坦境内，是亚洲最大的山脉之一。天山派武术形成于南宋光宗绍熙元年（1190），至今已有八百余年的历史。天山派武术是由北宋名将杨继业之后杨继明创立。他幼年师承晋葛洪真人的第九代传人王世光，习练丹鼎派武术，后因南宋衰落，战事连绵，他远涉西域，在今新疆天山山脉的博格达山区隐居，并坚持习练武功，修道养性。其子杨廷天与道教神霄派武人萨守坚一起习武立论，创派制规，完善了天山派武术的功法和门规。之后，又有天山派的第三代传人张志平，将天山武功融合了全真教之修真教义，完善了天山派武术修真参玄的宗旨，致使其得到了更好的弘扬和光大。

天山派武术功法以道门丹鼎派内功为基础，并融会了神霄派心功和杨家将武功，而形成了天山派武术的独树一帜的风韵。它讲究内练心神，外练身形，以外补内，玄人天一，求得修仙达真的境界。

天山派武术历经沧桑，不少拳种已失传，因为武术门派一般是授“艺”不授“窍”。师父认为“得者难，看得重；得者多，看得轻”。但现存于世的有些拳术还正在展示着其独特的魅力。

四 丰富多彩的武术拳种

中国武术拳种按地域划分有“南派”、“北派”之说。南派，泛指长江以南各地传播的拳种，特点是拳法多，脚法较少，动作紧凑，劲力充沛；北派，则指长江以北，黄河流域传播的拳种，特点是脚法丰富，架势开展，动作起伏明显，快速有力。另也有以拳种的风格特点而划分为“内家”和“外家”两大类。内家，注重对内脏功能的修炼，练习时强调意识引导动作，交手时以静待动，后发先至；外家，注重拳脚功夫的锻炼，交手时主张先发制人，以攻为主。

中国武术的拳种内容丰富，流派繁衍，体系庞大。流传至今的拳种有一百多种，几千年的沿袭形成各自独特的特点。以下对一些主要武术拳种作介绍。

1. 稳健刚劲的南拳

南拳是指中国南方流行的拳术，主要流行于福建、广东、广西、湖南、湖北、江西，浙江也有传入。南拳用腿较少，而拳法十分丰富。南方人普遍小巧灵活，个子较矮，于是便有了讲究近身短打的南拳。南拳的特点是：手法多样，如拳谚所述，

南拳

“一势多手”，“一步几变手”，而且“多短拳”。它以形为拳，以意为神，以气催力，以关发气；动作朴素明朗，拳势激烈，富于阳刚之美；上肢动作较多，在身法上要求沉肩坠肘，含胸拔背；在手法上讲短打、擒拿、点击穴位；在步法上多要求以四平马为基础，重心较低，步法稳固，并多要求落地生根，较少跳跃滚翻动作；讲究蓄劲，要求气沉丹田，发力时劲由足根起，腿、腰、臂贯串一气。南拳习练时，还配合发力因势发出喊声，以使动作更加刚健有力。

南拳流行最广的有广东的五大名拳，即洪家拳、刘家拳、蔡家拳、李家拳、莫家拳；福建的咏春拳、五祖拳、鹤拳和罗汉拳等；湖南、湖北、江西则流行邬家拳。当代著名影星、截拳道创始人李小龙就是从小练习咏春拳的，他所创立的截拳道就吸取了咏春拳的许多招式。咏春拳由福建省连城县严咏春

（又名咏春三娘）所创，故名“咏春拳”。咏春拳的特点是：动作朴素，招法实用，手法丰富多变，起脚必配手，发腿隐蔽，出手护中。

2. 放长击远的长拳

长拳是武术的主要拳种之一，最早见于明代戚继光所著《纪效新书·拳经捷要篇》：“古今拳家，宋太祖有三十二势长拳。”明代唐顺之《武编》言：“逼近用短打，若远开则用长拳。”可见，长拳是相对于短打而言，包括查拳、华拳、炮拳、花拳

查拳

等。它们的共同特点是延长击点，其姿势舒展大方，动作灵活快速，出手长，跳得高，蹦得远，刚柔相济，快慢相间，动迅静定，节奏分明。

长拳动作

另外，长拳以自然界的物象来喻拳势，长拳在练习过程中对动作变化的十二种要求是，“动如涛，静如岳；起如猿，落如鹊；立如鸡，站如松；转如轮，折如弓；轻如叶，重如铁；缓如鹰，快如风”。但对长拳的物象拳势，必须通过“悟性”和反复实践才能领会其意。

3. 以静制动的内家拳

内家拳是武当派的代表功夫。其特点是以静制动，以柔克刚。因其技法主于防守而有别于以攻为主的外家拳（少林拳），故称内家拳。内家拳的源流，据黄宗羲作《王征南墓志铭》中称：“起于宋之张三丰。”内家拳是少林武术与内功修行结合的产物，将“外练筋、骨、皮”与“内练精、气、神”融为一体，并对少林拳进行改造，创出内家拳。它以道教哲学和道教理论为指导，结合道教医学、易学、内丹养生学等知识，把技击与健身强体融为一体。

内家拳在技法上讲求以静制动，后发制人，修炼至上乘者内功深厚。黄百家的《王征南先生传》对内家拳技法叙述详尽。他指出，内家拳“其法主于御敌”，拳法有应敌打法、十四种“禁犯病”、三十五种基本手法、十八种基本步法、七十二种跌法和三十五种拿法。

内家拳讲求“点穴法”，即在与敌交手时，有意识地点击对手身上的一些特殊穴位。这些穴位若用手指、肘、膝等迅猛点击，可使气血受阻，可能会出现疼痛、酸软甚至昏迷、死亡的现象。这些穴位被称为麻穴、哑穴、晕穴、死穴，习惯上说麻、哑、晕、死各九穴，共三十六穴。内家拳还有“敬、紧、径、劲、切”五字诀，其拳法非常丰富。

4. 形神兼备的形意拳

形意拳，也称“心意拳”、“六合拳”等。据考证，形意拳是由山西蒲州人（今山西永济张营乡尊村）姬际可（字龙峰）所创。据史料记载，姬际可曾在少林寺习武十年。形意拳汲取了少林、武当的拳理和拳法，并以六合为法，五行（劈、崩、钻、炮、横）、十形（龙、虎、鸡、鹰、蛇、马、猫、猴、鹞、燕）为拳。形意拳刚柔相济、内外兼修，必须是内有心意、意气、气力之相合，外有手足、肘膝、肩胯之相合，内外相合成其六合，所以又被称为“心意六合拳”。形意拳的特点是以意行事，以意领气，以气催力，化拙为巧，刚柔相济，阴阳相伴，虚实兼备，

形意拳

十分重视对内气、内功的培养，忌使用拙力。其妙处在似与不似之间。

形意拳有着丰富的技击理论和技术战术内容。它强调敢打必胜、勇往直前的战斗意识。在战术思想上，主张快速突然，以我为主，交手时“乘其不备而攻之，由其不意而出之”；在攻防技术上，提倡近打快攻。

形意拳具有简洁、朴实、自然、严密、稳捷、刚柔、快速等特点，并具有壮骨坚肌、增强人体肺活量、舒通血脉、促进新陈代谢等强身健体的功效。

5. 游龙走凤的八卦掌

八卦掌，又称“游身八卦掌”、“八卦连环掌”等，是一种以掌法变换和行步走转为主的拳术。由于它运动时分为四正、四隅八个方位，与“周易”八卦图中的卦象相似，故名八卦掌。传说八卦掌为河北省文安县人董海川所创。

八卦掌创始人董海川

八卦掌的特点是身捷步灵，随走随变，与对方交手时身体起伏扭转，敏捷多变。拳谚说它“形如游龙，视若猿守，坐如虎踞，转似鹰盘”。其基本功以桩步、行步为基础。步法要求起落平稳，摆扣清楚，虚实分明，行步如蹚

泥，前行如坐轿，出脚要摩胫（两脚踝关节相贴而过）。身法讲究拧、旋、转、翻，圆活不滞。掌型有龙爪掌、牛舌掌等。主要手法有推、托、带、领、搬、拦、截、扣、捉、拿、勾、打、封、闭、闪、展十六法。要求能进能退，能化能生，虚实结合，变化无穷。每掌发出，皆要以腰作轴，周身一体，内外结合，外重手眼身法步，内修心神意气力。

八卦掌的基本内容是八母掌，也称老八掌，即单换掌、双换掌、顺势掌、背身掌、翻身掌、磨身掌、三穿掌和回身掌。

八卦掌

各地流传内容不完全相同，有以狮、鹿、蛇、鹞、龙、熊、凤、猴八形为代表的，也有用双撞掌、摇身掌、穿掌、挑掌等作为基本八掌的内容。其中每一掌都可以衍化出很多掌法，素有一掌生八掌，八八六十四掌之称。八卦掌有单练、对练和散打等形式。

八卦掌不仅是一门技击术，也是一门健身术。它能提高和改善人体各个系统的机能，加强新陈代谢，增进人的体质。

6. 风靡世界的太极拳

太极拳是中国首创的一种经典养生运动。太极拳的拳理是："头顶太极、怀抱八卦、脚踩五行。"它的形态是"圆中求方"，其动作是弧线绕行，达到松肩、沉肘、含胸、拔背、裹裆、溜臀、松腰、抽胯、顶头。它的战术是"随曲就伸"，运用是"引进落空"；法度是"立身要中正"，要"中规中矩"。因此，对太极拳不知其"圆"就无以成太极，不知其"方"就无善太极。太极拳是通过肢体运动贯通经气血脉的运动，在练拳过程中，注意尽量达到"六合一"，即手与脚合，肘与膝合，肩与胯合，心与意合，意与气合。

在练习过程中，人的意识活动是指向内部的，要求气沉丹田，以意识引导动作，能自觉地调动起人的意识的积极性与能动作用，消除杂念及思虑。同时，又以积极的意念活动去调整人的心理状态，产生身心双修的良好效果，是一种息心调神、内外结合的运动方式。

太极拳功法以掤、捋、挤、按、采、挒、肘、靠、进、退、顾、盼、定十三式为基本方法。在推手中要求以静制动，以柔克刚，避实击虚，借力发力，主张一切以客观出发，随人则活，由己则滞，以听劲(懂劲)为拳中要诀。

杨式太极拳创始人杨露禅

太极拳的内容除拳以外，还有太极剑、太极刀、太极推手、太极枪等。经常练习太极拳，对于中枢神经系统、血液循环系统、呼吸系统等均有良好的作用。太极拳运动因具有健身作用和治疗疾病之功效，不仅在中国民间广为普及，而且越来越受到世界各国人民的喜爱，其影响遍及世界各地。

太极拳的流派有陈王廷创立的陈式太极拳，杨露禅创立的杨

杨式太极拳

式太极拳，武禹襄创立的武式太极拳，吴全佑、吴鉴泉父子二人创立的吴式太极拳，孙禄堂创立的孙式太极拳。

太极拳具有深邃的文化内涵，它使中国武术进入了更高的文化境界。太极拳不仅体现了中国人的处世哲理和对人生、宇宙的理解，而且也体现了中国人的聪明才智。

吴式太极拳创始人吴鉴泉

吴式太极拳

7. 惟妙惟肖的象形拳

象形拳又名“仿生拳”，指将人或动物的某些生活习性，动作特征及形态，巧妙地融入武术的攻防技术之中，以象形取意，形意并重为特征的一种拳术。主要有猴拳、鹰爪拳、蛇拳、螳螂拳、鸭形拳、武松铐拳、醉拳等。象形拳中的套路和

螳螂拳

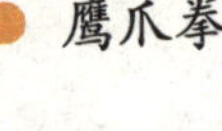

鹰爪拳

醉拳

动作十分丰富，以形为势，以意传神。形象十分生动，其拳势多以动物命名，如“白鹤亮翅”、“金鸡独立”、“鹞子翻身”、“大鹏展翅”等。

象形拳的历史悠久，《尚书》有“百兽图”，长沙马王堆3号汉墓出土的西汉帛画《导引图》上有“沐猴灌”的名目与图像，说明早在西汉时就有了“猴舞”；刘安与华佗也曾分别创编了“文禽戏”和“五禽戏”等，均可视为象形拳的雏形。象形拳分象形、取意两种。象形是以模仿动物和人物的形态为主，追求形象，技击性较差。取意是以动物的搏击特长来完善动作，技击性较强。象形拳不仅能健身，而且能培养人的形象思维，尤其是以动物的各种形态来编创拳术，以人的各种形象，如模仿醉汉的动作，以“似醉非醉”、“形醉意不醉”的势态，在跌撞、摇摆等动作中，处处暗含闪、展、腾、挪，虚击实发，指东打西的技法，深受人们习惯的审美意识需求，因此象形拳有较广泛的传承基础。

8. 驰名中外的少林拳

中国自汉代开始，中原一带的民间武功已发展到相当的水平。尤其是在隋唐之后，少林寺以功夫名扬天下。少林寺僧人为了护寺护法，以习拳练武为传统，他们广泛吸收了天下各门派拳种的精华，并与本寺功夫融汇提炼，终于形成了内容博深、技艺精湛的少林拳系。它不仅与天下各大拳系均有渊源关系，而且对峨眉、南拳、形意、太极四大拳系的形成产生过重要影响。

少林功夫所追求的不只是强健的体魄和格斗的能力，而是“禅拳归一”。通过练功，达到超越自我，领悟深奥的禅意，追求超常的智慧。其深厚的文化内涵，是少林功夫区别于其他武术的根本所在。

少林校拳图

少林功夫以攻防击打的人体动作为核心，以套路为形式，讲究动静结合、阴阳平衡、刚柔相济，行拳要求手与足合、肘与膝合、肩与胯合、心与意合、意与气合、气与力合的“六合”原则。可以说，少林功夫是中国武术各个流派中拳系庞大、门类繁多、境界最高的一个门派。据遗存的《少林寺拳谱》记载，

《少林寺拳谱》

少林功夫套路合计544套，其中拳术108套，器械193套，另外还有72绝技、擒拿手、格斗、卸骨、点穴、气功等各类功法171套。

少林拳

尤其是明代万历年间，少林寺著名的武僧头领玄机和尚一生注重拳法研究，后将拳法传其弟子陈松泉、张鸣鄂，直到清初张孔昭据张鸣鄂所传玄机拳法撰写了《拳经》这一经典之作。之后在咸丰年间由王祖源著的《内功图说》、蒋鹏倬著的《少林单刀谱》等都对少林武术的传承和发展产生了重大的影响。少林拳系十分丰富，其主要套路种类有：罗汉十八手、少林小洪拳、少林大洪拳、罗汉拳、梅花拳、长护心意门拳、

少林功法

少林朝阳拳、少林炮拳、少林猛虎拳、少林醉拳、少林六合拳、少林猴拳、少林黑虎拳等百余种。

少林器械有“十八般兵器”之说。其中最负盛名的是棍术，其种类有：少林棍、猿猴棍、风火棍、阴手棍、大夜叉棍、烧火棍、梢子棍、小梅花棍等。少林刀威武勇猛，种类有：少林

少林寺僧练少林刀术

缠头刀、少林春秋大刀、少林昆仑双刀、七星单刀、抱月刀、佛陀火刀等。剑是少林武僧最常用的器械之一，舞动时有优美豪放、行如游龙之说。少林剑术的套路种类有：少林乾坤剑、少林达摩剑、五堂剑、青龙剑、十形剑、白猿剑等。其他器械三节棍、禅杖、狼牙棒、乾坤圈、月牙斧、绳标、双匕首等。

少林拳系作为一种武术流派，有结构严谨、动作朴实、节奏明快、发力刚猛等独特的风格和特点。少林功夫套路一般以短小精悍、简捷干练、巧妙多变而著称。其起落、进、退等都在一条线上，要求“拳打卧牛之地”，意思是与对方交手，或进或防，步法不过是两三步之间。要求“神形一体”、“非曲非直”、“禅拳合一”、“攻防合一”、“内外合一”等。

可以说，以拳术和棍术为核心体系的少林功夫，不仅具有较高的技术层次，而且还蕴涵着丰富深厚的文化内涵。今天，它已发展成为全球性多元语境下中华民族文化认同的一个象征。目前世界上已有数千名武术爱好者慕名到少林寺来习武练功。少林功夫正在迈向全球，它已经成为全球注目的人文资源。

9. 源自大漠敦煌的拳种

敦煌壁画中绘有生动形象的武术图像，而且在藏经洞出土的文献中也有关

于武术的记载。历来对壁画中有关反映古代佛教武术图像的研究较少。20 世纪初，燕飞霞（原名王进），继承了崆峒派的全部武学，成为第十代掌门人。燕飞霞的那套“花架拳”是崆峒山的始祖“飞虹”仙师在游览敦煌莫高窟后，将壁画中与武术相关的飞天、乐舞等的造型动作历经三年的构思、实践、创造编写成的武术套路，取名“花架拳”。燕飞霞曾授艺日本留华习拳之女子花舞影，后来两人结为夫妻，崆峒派武术东传至日本。

燕飞霞去世后，其妻花舞影继任为崆峒派武术第十一代掌门人，在日本东京、大阪、神户、名谷屋、北海道等地广泛收徒传艺。她根据壁画图像创编了适宜女子习练的木兰拳、木兰剑等健身拳，这些健身拳流传到美国、加拿大、中国等四十余个国家，影响颇大。如今木兰拳已成为广大健身者选择的武术健身功法。

21 世纪初，兰州理工大学体育部教授李金梅等与上海市武术队教练刘广齐、甘肃省体育局科研所研究员杨新平、上海武术队教练李淑红等，历经多年的考察、琢磨、研究，根据敦煌壁画中的金刚、药叉造型所表现出的古朴、粗犷、刚劲、有力的特点和功架造势等，创编了“敦煌金刚拳”。它不仅成功地复活了千年前的武术，而且创造了自成一体、独具一格的武术流派。敦煌金刚拳还分别在 2005 年、2007 年的全国少数民族运动会武术比赛中获得了银牌和金牌，引起了武术界的广泛关注。

以上各类拳种，都必须重视基本功的练习。因此，习武不但要苦练，还要狠练、久练、巧练，以及全面地练，既要千锤百炼，又要练自己的灵气，从不开窍练到聪明，从聪明练到再开窍，这样来回几回、几十回，一下顿开茅塞，万法归一，达到心明自明，这才真正由术走上了道。

五

武功与武侠

“侠”是一种令人神往，且很神秘的话题。它是中国特有的一种社会、文化、历史现象，承载了中国传统伦理和道德取向。从某种意义上来说，它渗透到中国人的灵魂之中，成为中国文化精神的独特组成部分。

《辞海》对“侠”作如下解释：“旧称扶弱抑强，见义勇为的人。”武侠，顾名思义，有武有侠，以武行侠。武即武力、武术，侠即行侠仗义。“武”反映出了人们用武力、武术征服社会、获得认可的一种渴望；“侠”则体现了人们对完美社会道德伦理的期盼。“武”的最高境界是“神武不杀”，“侠”的最高境界是“欲除天下不平事”。“侠”是目的，“武”是手段，两者的终极目的都是建立一个理想的世界。

1. 武术与侠文化

自司马迁的《史记》单列《游侠列传》和《刺客列传》开始，中国就有了崇尚游侠的传统。“游侠”之风形成于春秋战国时期，推崇的是平等交游、知恩图报及为义死节的精神。游侠的品质精神也一直为武术家所传扬，称为武德。游侠皆尚武，即为武侠。

东汉末年出现的以荆轲刺秦王的史料而创作的《燕丹子》，被视为中国第一部武侠小说。而曹植的《游侠篇》就是描绘武侠的诗篇。隋唐盛世，经济发达繁荣，文化开放包容。唐诗中写剑论侠的作品有了较大的发展。唐代大诗人李白崇侠尚侠，日常生活中也以诗、酒、剑相伴。其典型之作《侠客行》，高度赞颂了武侠的仗义精神。杜甫写剑吟侠，他的一首《观公孙大娘舞剑器行》更是彪炳千古。宋代宋词中也有不少反映侠气的诗篇。辛弃疾以自己一生的战斗经历，以武林传奇生活为题材，写下了著名词作《破阵子·醉里挑灯看剑》。

醉里挑灯看剑，
梦回吹角连营。
八百里分麾下炙，
五十弦翻塞外声，
沙场秋点兵。
马作的卢飞快，
弓如霹雳弦惊。
了却君王天下事，
赢得生前身后名。
可怜白发生！

● 辛弃疾词《破阵子·醉里挑灯看剑》

还有陆游的《剑南诗篇》、刘克庄的《游侠列传》等均是古代崇扬武侠的杰作。另外，敦煌写卷上的《剑器》、《洞山和尚神剑歌》、《龙泉神剑歌》、《三尺龙泉剑》都是民间创作的武侠与武功的歌谣。唐代文学作品《搜神记》(卷十九)、《虬髯客传》，明清小说《水浒传》、《三国演义》、《西游记》，还有蒲松龄的《侠女》、文康的《三侠五义》等武侠与武功类作品，汇成了中国文学史上一股传承千载、跌宕不息的洪流。到了近代，《三侠剑》、《雍正剑侠图》、《侠义英雄传》、《江湖奇侠传》等武侠小说，不仅收录了霍元甲、大刀王五等知名侠客事迹，而且也成为通俗文学中最受欢迎的

作品，成为中国武术文化哺育下的民族文学的重要一支，也是中国武侠小说成熟的标志。

"侠"在中国历史上有很深的文化渊源。它由先秦的"士"分化而来，所谓"好文者为游士，尚武者为游侠"。"仁"、"义"是侠的最高道德品质。侠义之士大多个性豪放不羁，不拘世俗礼法，不肯为五斗米折腰。武术家亦以此为人生最高境界，追求隐逸的江湖人生。

韩非子说侠有三大品格：第一是"弃官宠交"。不要名位，不要爵禄，为了朋友两肋插刀，这是侠。第二是"肆意陈欲"。天生万物，本为人用。王侯将相宁有种乎？不分高下贫贱，无拘无束，豪放肆意，纵情挥洒，这是侠。第三是"以武犯禁"。朝廷有许多禁令，是保护朝廷的利益，甚至出现官官相护的情况，百姓的自主自由被剥夺得一干二净。所以，揭竿而起，反抗压迫，这是侠。在唐代，结交豪侠，推崇侠义精神已成为当时社会的风习。因此，武侠的武功不能轻易传人，如黄百家《内家拳法》载："有五不传：心险者、好斗者、狂酒者、轻露者、骨柔质钝者。"这意味着武侠对武艺的传授有着较高的道德品质要求。武侠活跃于闾巷之间，藏身于草野之中，出生于下层社会。他们有血性、重信义、轻名利、逞意气，带有一种使社会丰富化，但却含有自发倾向的文化精神。他们的价值观念产生于相互的、机遇性的感情因素中，他们十分重视友情，愿意为志同道合的朋友的急难赴汤蹈火；他们对社会上的弱者抱有深切的同情心，尤其是他们在亲历与他们自身利益无关的所谓"不平"和"不义"之事的时候，往往仗义而行，拔刀相助。这是一种为"情义"感所左右的价值观念。

总的来看，中国武侠中行侠仗义的血性气质、以义相合的感情定向、率性而为的自由意志，都渗透于中华民族文化精神中，形成勇武、重义、轻利、诚厚、守节等民族性格。而侠义的传统一直较纯净地存在社会民间文化的精神里，积淀着较为强悍的尚武精神。

2. 功夫卓绝的侠客

中国武侠给人们留下的深刻印象更多的是他们杰出的武技。清代康熙、雍正年间，著名的“江南大侠”江宁人甘凤池以其深厚的武功闻名天下。他客居京城时，山东济南的力士张大义慕名来访，一定要与甘凤池较量较量。张大义身高八尺，腿力过人，并且在脚趾上裹有铁片。两人对阵时，张大义气势汹汹地扑将过来，甘凤池倚柱而立，以逸待劳，两人刚一交手，就听见张大义大叫一声，跌倒在地，血流了一靴子，解下靴子一看，铁片已经深深地嵌入脚趾中。

中国侠客大都怀有超常的功夫，特别是中国武术中的点穴术更是神奇无比。《墨余录》记载了一个故事：明末清初时，上海武侠褚复生的家乡有一个外号叫“独骨”的地痞流氓，会武术，膀阔腰圆，力举千斤。“独骨”仗着这些本事，在市场上横行霸道。商人不堪其扰，于是大家请褚复生为民除此一害。在一次酒宴上，两人见面。酒过两巡，“独骨”就跳起来，手舞足蹈，捋拳作势，夸耀自己的勇力。褚复生缓缓用筷子在他胸前轻点一下，轻声说道：“你不能坐下来说吗？”“独骨”重新坐下，直到终席，一言不发。散席后，商人们问褚复生，为什么不与“独骨”交手，他们哪里知道，褚复生用筷子轻点“独骨”时，用了内功。第二天，“独骨”浑身变色，青如蓝靛，不治而亡。

《清史稿》还记载了一个故事：明末清初的武术家浙江人王来咸，以静制动、以点穴击人的内家功法非常高明。他与人搏

击时总能按照铜人经络图中标志的经络穴位，精确地点击对手的死穴、晕穴、哑穴等部位。有一次他与著名学者黄宗羲同游天童山，遇到一个不讲道理的和尚少焰。少焰臂力过人，对付四五个人不在话下，以为王来咸可欺。不料刚要接近王来咸，还未来得及施展他一身的蛮力，就被点中穴位，疼痛难忍，使不出半点力气。

清代有许多大名鼎鼎的武术高手既是武侠又干过镖师。如山西祁县心意拳家戴文雄曾走镖北京、张家口和包头，留下赫赫名声；擅长昆仑派武功，人称“通臂猿”的胡七，也曾是著名的镖师；人称“京城大侠”的大刀王五是北京源顺镖局的镖师；沧州武英大枪刘德宽是北京永胜镖局的镖师；大成拳的创始人王芗斋也都做过镖师。这些武林高手往往是以保镖为生活手段，而以武功和侠义称誉于武林。

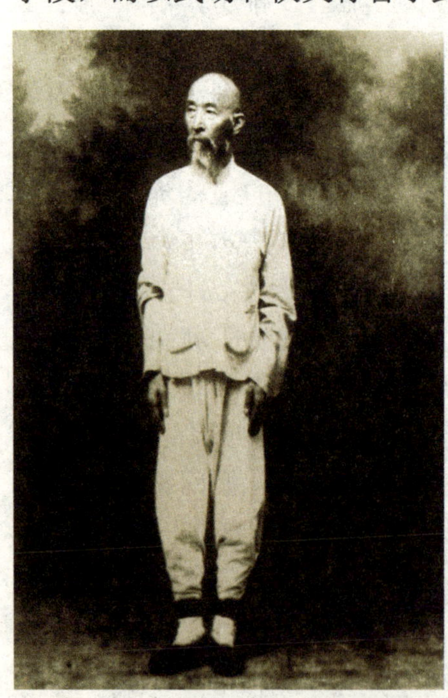
孙式太极拳创始人孙禄堂

近代武侠孙禄堂精于太极、形意、八卦，演拳走势捷若猿猴，又因其相貌清秀，身材小巧，动作轻灵，故武林中称之为“活猴孙禄堂”。他曾在北京与日本武士道大力士板垣，以及在上海与六名日本武士进行比武，纷纷击败对手，大长了中国人的志气。他的武功也因此威震海内外。霍元甲是武术史上划时代的人物。他精于迷踪拳，曾打败过日本浪人，吓跑了西洋大力士，创立了“精武体育会”。孙中山先生为之亲作《精武本纪序》，并书赠“尚

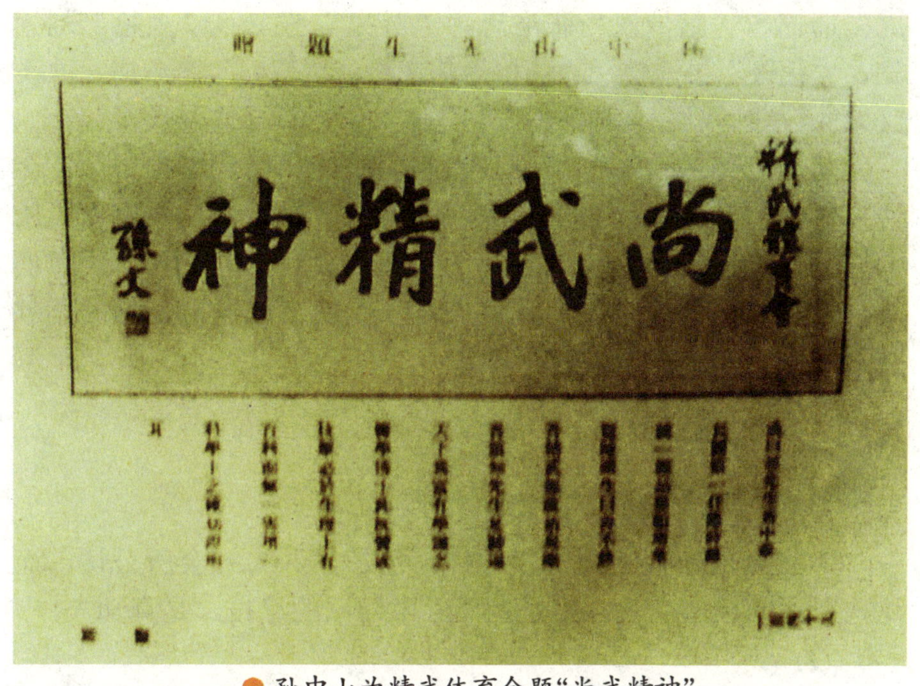

孙中山为精武体育会题“尚武精神”

武精神”的匾额。八卦掌名家程廷华以制作眼镜为业，故人称“眼镜程”；刘凤春以经营妇女头饰翠花而得名“翠花刘”。王子平是沧州著名武术家，打败过美、英、法、日等国大力士和技击家。一次，他在街上看到一匹惊马狂奔不已，危及行人的生命安全，他冲上前去，大喝一声，拉住马的缰绳，马被拉得动弹不得，故人称“神力王”。形意拳、八卦掌名家张占魁武艺高强，以“出手快似闪电”而得名“闪电手”。八卦掌名家施继栋脚法精绝，时人戏称为“贼腿”。形意拳名家李存义，1900 年参加义和团抗击八国联军，手持单刀上阵，血染战袍，时人称为“单刀王”。太极拳六世李书义，除精太极拳外，尤以六合大枪闻世，故武林人称“神枪李”。其他的还有“鹰爪王”陈子正、“金罗汉”妙兴、“鹞子”高三、“小白猿”陈风歧、“铁罗汉”徐兆熊、“蝴蝶李”李保荣、“燕子”郭长生、“黑

虎”邢三、“瞎罗汉”张洛忠、“醉鬼”张三。“大枪”刘德宽、“花鞭”吴斌楼、“花枪”胡老奉、“双刀”李凤岗、“飞叉太保”郑怀贤、“神弹弓”马华亭、“神弹子”吴英豪等。

功夫卓绝的侠客，都以其崇高的武德和尚武精神为全社会注目，也为社会风尚打下了深深的烙印。这充分反映出古代人们对理想人格的向往，以及武侠在人们心目中的位置。侠客们不仅享有较高的地位，而且他们对中国武术的发展所做的贡献更是不可磨灭。

3. 中国武术的绝技

中国武术一直充满了各种神幻色彩，并为社会所公认，而这些所谓的神幻功法，也是各类武术门派的绝技，是真功夫。

(1) 刀枪不入

不少人都看过银枪刺喉和大刀砍腹的表演，表演者身上均无伤痕。这是一种硬气功，并非神话，但演练时却有诀窍：一是所用兵器不可锋利，均不开刃；二是使用兵器者发力要匀，不可使猛劲。表演大刀砍腹，看起来刀举得很高，但在接触皮肤的刹那间并未产生较大的加速度。在表演银枪刺喉时，双方也都是均匀使劲，逐渐加力。如果兵器开了刃，又发力猛砍猛刺，那后果就难以设想了。

又有所谓“铁布衫功”，俗称“金钟罩”，也属硬功，据说功成后可不怕击打。但连武林前辈也承认，即使练成此功，一旦遇到重兵器，仍“尚须避之”，可见此功亦非所向无敌。

(2) 隔山打牛

隔山打牛又叫“劈空拳”，据说可以隔着若干距离发力将人击倒，而身体并不接触对方。在署名“真我斋主人”所撰的《少林拳术秘诀》中，讲到一位名叫智圆的少林高僧，“练习呼吸神掌，垂四十年不辍，能于距离百步外，运掌力击之，应手而倒”。

(3) 轻功

轻功，泛指习武者通过专门的跳高腾跃能力的训练，达到“身法轻灵、步履轻健、落地稳妥”，以至可以“飞檐走壁”、“踏雪无痕”。此功法难度较大，几乎濒临灭绝，但近年来有嵩山少林武僧专门练此功法，能轻松自如地走三米余高的墙。

(4) 铁砂掌

铁砂掌是通过内功、硬功配合一定的中药方剂的洗泡而进行练习的一种掌功。铁砂掌易于成功，并且实战性很强，所以近代武术家很多都练过铁砂掌功夫。

(5) 点穴术

点穴术由于传承上的隐秘性，一般人很难全面了解。这也就造成了历史上的点穴术有不同的流派，各有各的传承，各派有各派的要穴和死穴。如少林派点穴术就有致命三十六穴和致晕十一穴的说法。如果在实战中点击了这些穴位，对手立马致命或致晕，丧失战斗力。当然，点穴术除了实战以外，还有疗伤和治病的功能。

按照古人的说法，要练成点穴术，必须要有深厚的内功基础，一定要通过站桩练成浑厚的内气。在此基础上，还要经年累月地练指力和眼力。

(6) 暗器

暗器在中国武术中算是最神秘、最阴毒的绝技。一般来说，武林中练暗器的是用于防身，在迫不得已的情况下制敌于死地。但也有一些不讲武德之人甚至是武林败类，在艺不如人的情况下，专以暗器伤人。

暗器具有方便携带、隐蔽难测的特点，而且在一丈以外，百步以内，便可以信手发出，其功效非刀剑枪棍所能比拟。在

古代社会，许多武林高手都是以暗器而成名，尤其是镖师更是得练就一两手暗器功夫，才可能行走江湖。

在中国传统武术中，一般有三十六种暗器：绳镖、脱手镖、单筒袖箭、梅花袖箭、流星锤、柳飞刀、飞蝗石、飞爪、飞叉、

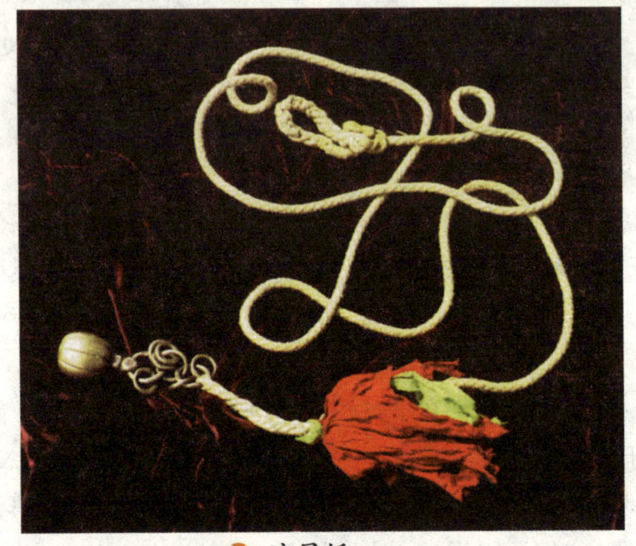

流星锤

飞铙、掷箭、飞刺、狼牙锤、铁蟾蜍、金钱镖、铁橄榄、龙须钩、雷公钻、如意珠、吹箭、鹅卵石、弹弓、喷筒、锦套索、弩箭、紧背花装弩、踏弩、镖枪、袖炮、软鞭、梅花针、乾坤圈、铁鸳鸯、铁莲花、飞剑、鸟嘴铳等。

暗器在战争中得以广泛运用，这也影响到民间武术。在民间也发明了很多种暗器，有非常大的杀伤力。明清两代是中国武术发展的高峰期，也是暗器由军队作战进入民间的开始。特别是清代，暗器盛行一时。

俗话说："明枪易躲，暗箭难防。"受中国传统思想和武德的影响，多数的武术家都讲究靠真功夫取胜，反对暗箭伤人，因此暗器流传不广。但是作为武器的一种类型，暗器种类繁多，变幻莫测，在中国武术史上还是占有一席之地的。

六 中国武术与修身养性

武术界流传有这样一种说法，“拳起于易，理成于医”，它高度概括了武术与医学之间的关系，因为养生一直是中国古代中医的重要组成部分，而武术与养生都是在相同的历史背景下，在相同的哲学基础上产生、发展起来的。尤其是武术的形成、发展几乎都受医学的影响，致使武术具有较高的养生健身的价值。另外，武术的各种门派、各类拳种都十分强调“天人合一”的思想。如导引、太极拳、形意拳、八卦掌、少林拳、武当拳等要求清晨在山林古刹之中练功，吸收大自然的清新空气和地气；要求“冬练三九，夏练三伏”，即在艰难的季节中，依照时间运转规律来坚持练功，练就出真功夫；要求运用中医的“五运六气”、“子午流注”等理论原理，练习呼吸运转和武术套路中的身体方位。这些要求实际上就是把时辰变化和人体本身变化结合起来。

传统养生中强调“万物皆以负阴抱阳而生”。中国古代医学养生中的阴阳思想认为，人是一个“对立统一”体，人体的生命活动都是根据阴阳两极的相互变化而运行的，所以练习控制身体的阴阳平衡，方能收到健身健体的效果。武术直接受此“阴阳辩证”思想的影响，如武术的攻防、进退、刚柔、动静、虚实、开合、前后等对立的矛盾都是根据“阴阳”这一原理来设计技击的方法。

形和神是身体健康的标志。中医养生中认为，“形”是人体的物质基础，“神”是人体的灵魂，是人的内在意志活动。中医这种“形神相关”思想直接影响了武术的发展。如武术技击的意义就在于用“神”来指导肉体之“形”进行格斗。武术外功强调练习“形”，内功强调练习“神”。武术套路要求“手眼身法步，精气神”的统一等。这种形神相关的思想不仅提高了武术的技击能力，而且还构成了武术与人体运动之美。由此可知，武术是从古代中医养生学中汲取了营养，建构了武术的原理，提高了技击的技巧和创造了各式拳种和套路。同时，传统养生中的导引、五禽戏、八段锦、易筋经、太极拳、气功等一直以来也是归属于武术的门类。

1. 武术与生命文化

中国武术将精、气、神称为“三宝”，其与人体生命息息相关。武术养生则紧紧抓住了这三个环节，调意识以养神；以意领气，调呼吸以练气，以气行推动血运，周流全身；以气导形，通过形体、筋骨关节的运动，使周身经脉畅通，营养整个机体。

武术养生有以下三方面特点：

⑴ 武术是以阴阳、脏腑、气血、经络等理论为基础，以养精、炼气、调神为运动的基本要点，以动形为基本锻炼形式，用阴阳理论指导运动的虚、实、动、静；用开合升降指导运动的屈伸、俯仰；用整体观念说明武术养生中形、身、气、血、表、里的协调统一。武术养生的每一招，都与养生理论密切相关。

⑵ 武术养生强调意念、呼吸和躯体运动的配合，就是指意守、调息、动形的统一。意守指意念专注；调息指呼吸调节。动形指形体运动，统一是指三者之间的协调配合，要达到形、神一致，意、气相随，形、气相感，使形体内外和谐，动、静得宜，才能起到养生、健身的作用。

⑶ 融诸家之长于一体，是武术养生的一大特点。人们在养生实践中总结出许多宝贵的经验，形成了融导引、吐纳、气功为一体的具有中华民族特色的养生方法。源于导引的功法，如五禽戏、八段锦等；源于武术的功法，如太极拳、太极剑等。

动养生和静养生是武术养生的两大法宝。比较而言，练动功的，动则生阳，可以增强精力，提高工作效率；练静功的，静则生阴，其优势在于帮助生命节能，让你的生命之烛能常亮不灭……

武术养生渗透了儒、佛、道、医、武术诸家学说的传统养生理论，尤其重视对生命的体验，讲究顺应自然的节奏和法则，寻求心灵的解脱。可以说，中国武术养生既有人文角度的抒怀，又有科技角度的钩玄；合而视之，它是一门生命文化学，其方法是哲学的、个性顿悟的、生活与实践体验的，而核心是研究人、服务人，是生命活动与价值实现的出发点和归宿。

有些人以为体育健身就是养生，武术养生就是健身。其实，这两者的内涵不同，其区别是：

体育健身强调的是身体各个部位的锻炼，能够强筋壮骨，拉长筋腱、疏通经络，并起到保健、益寿的作用。而武术养生既强调外在身体运动型的锻炼，又强调内在的锻炼，即“精、气、神”的培养。所谓“养气”、“养神”、“养精蓄锐”等就是对武术养生之说的形象注释。体育健身是通过运动消耗一部分多余的热量，使身体强壮，但消耗了一些“精、气、神”。而武术养生则是增加“精、气、神”的养护，它是既开源又节流，有益身心的健康。

2. 武术与传统养生

导引强调以意领气，调呼吸以练气，气沉丹田，以气运行推动血脉，周流全身；以气导形，通过形体、肌肉的运动，使周身经脉畅通，营养整个机体，以达到养生健体的目的。古人创造的“五禽戏”、“八段锦”等活动，主要是为了修身养性，但它在发展中却对武术中的仿生象形拳的形成产生了重要的影响。因此，“五禽戏”等源于中医的医疗养生，它与以后象形拳和形意拳的形成有密不可分的关系。另外导引术中的导气、

导引图(湖南马王堆三号汉墓出土)

引体的功法被武术中的呼吸功法广泛接受，如“气沉丹田”、“以气发力”、“吸气养气”等呼吸功法来调整武术动作的节奏、快慢、力量等。武术的内功练习，实际上与导引术相似，所以现代武术把早期的导引术归类于武术的范畴，并成为武术秘笈。尤其是目前许多武术习练者越来越练习导引型的桩功、坐功、动功等，包括盛行的“太极导引”等，都不过是古代的“五禽戏”、“八段锦”“易筋经”之变，属于导引功法。

其功法有：

(1) 五禽戏

禽，在古代泛指禽兽之类动物。五禽，是指虎、鹿、熊、猿、鸟五种禽兽。戏，即游戏、戏耍之意。所谓五禽戏，就是指模仿虎、鹿、熊、猿、鸟五种禽兽的动作组编而成的一套锻炼身体的功法。

模仿禽兽动作来达到健身目的的方法，最早见于春秋战国时期。《计子•刻意篇》有：“熊经鸟伸，唯寿而已。”而五禽戏之名相传出自华佗。《后汉书•方术传》载，华佗云：“我有一术，名五禽之戏，一曰虎、二曰鹿、三曰熊、四曰猿、五曰鸟。亦以除疾，兼利蹄足，以当导引。”随着时间的推移，五禽戏被辗转传授，逐渐发展，形成了各种流派的五禽戏，流传至今。

(2) 易筋经

易筋经侧重于从宗教、中医、阴阳五行学说等视角对功理、功法进行阐述，并且形成了不同流派，收录于不同的著作中。易筋经是通过仿效古代劳动人民舂米、载运、进仓、收囤谷物等多种姿势而演化成的 12 式运动动作，具有刚柔相济、动静结合、意力统一的特点。

锻炼时要求身体端正，全身松紧自然，意念宁静集中，气守丹田，呼吸自然，意志统一，循序渐进，量力而行，动作协调，并配合腹式呼吸。

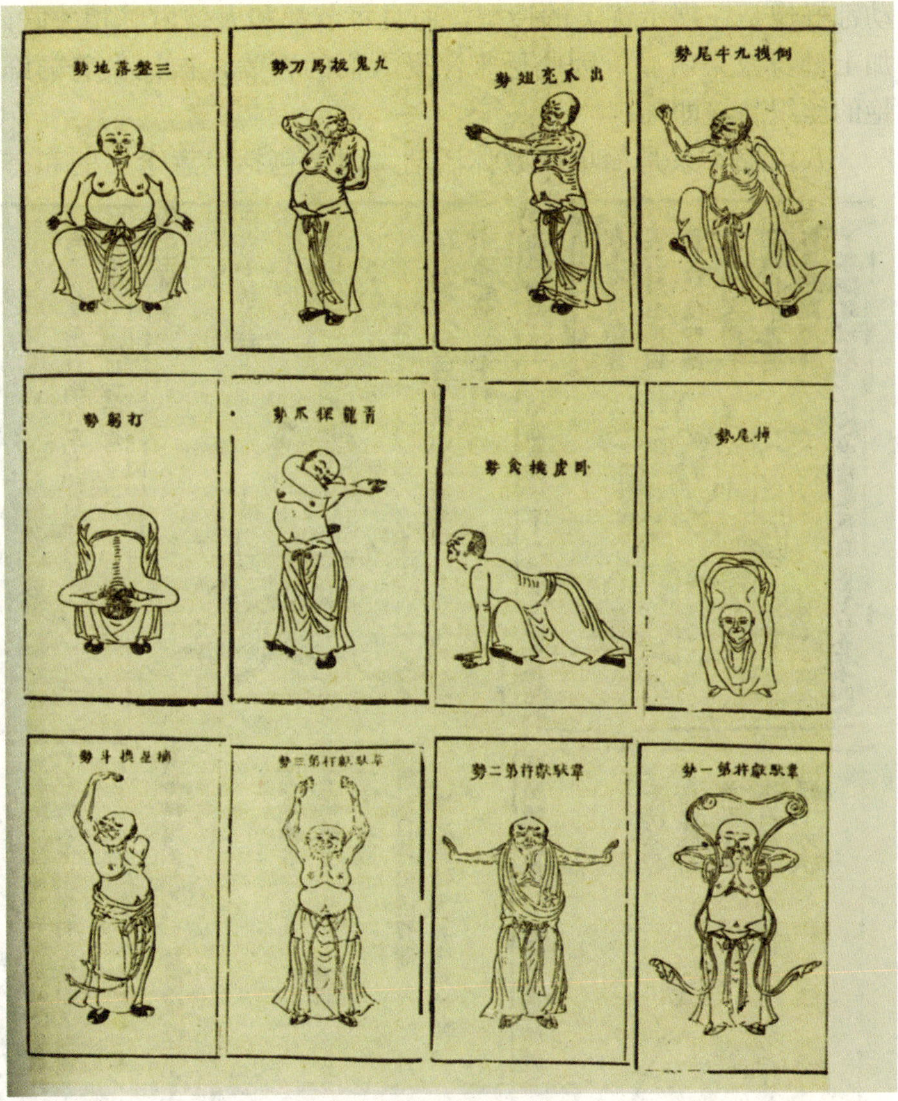

《易筋经》十二势图

(3) 八段锦

八段锦，是中国民间广泛流传的具有保健作用的导引养生功法，八段锦以其优美似锦的动作和祛病强身的功效深受人们的喜爱。八段锦只有八节动作，简便易学，动作舒展，一举一

动都好像是在展示优美的造型，而且每节都和人体内脏相关联，加上健身效果明显，因此历来深受人们的喜爱，被比做美丽鲜艳的丝织品，即锦。

八段锦不只是简单的肢体活动，而是包括“意念”的和有

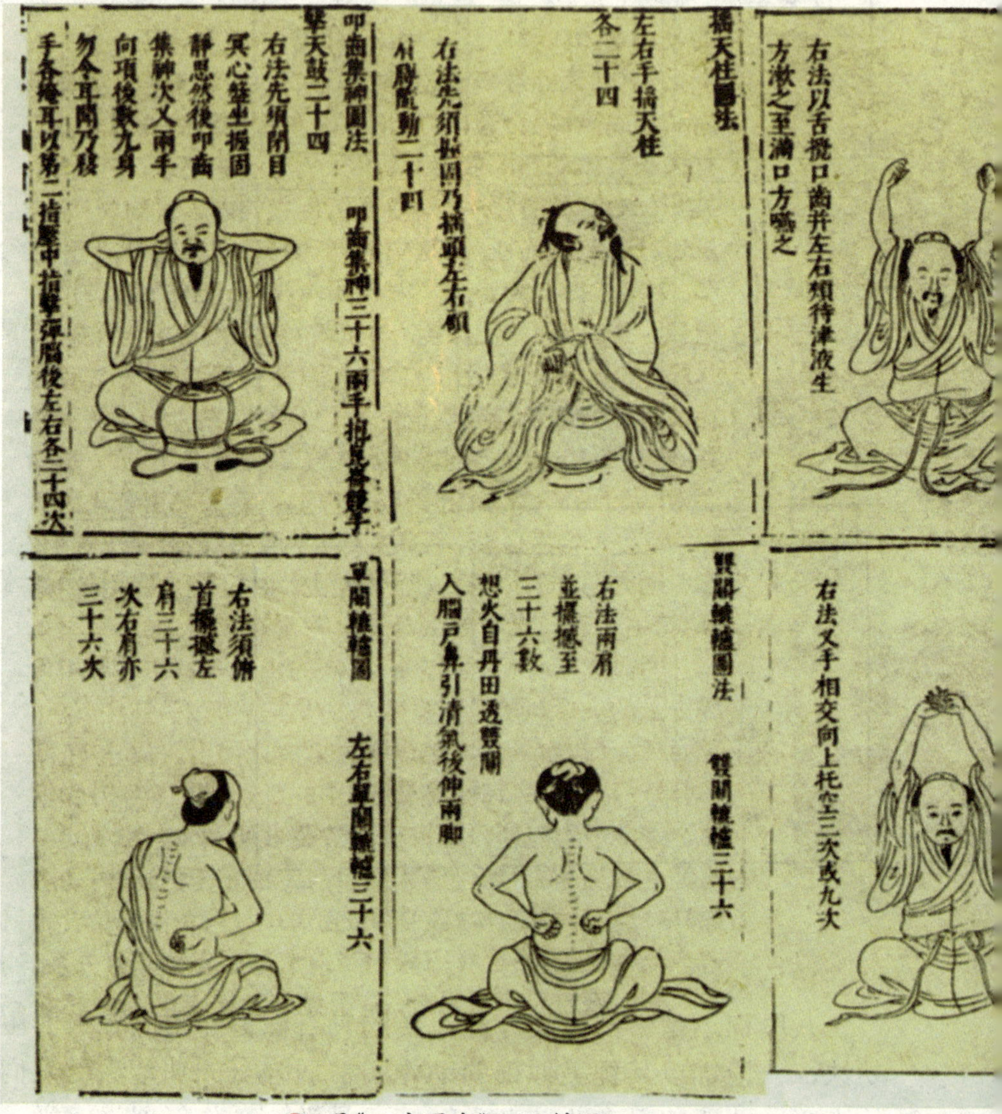

明《三才图会》八段锦图

节奏的呼吸在内的一种全身心的健身运动。

吸气时，气沉丹田；呼气时，浊气皆出。呼吸要尽量做到轻轻悠悠，似春风吹拂，如鹅羽轻飘。一般伸展或用力时吸气，屈曲或放松时呼气。最好用鼻呼吸，也可口鼻并用。

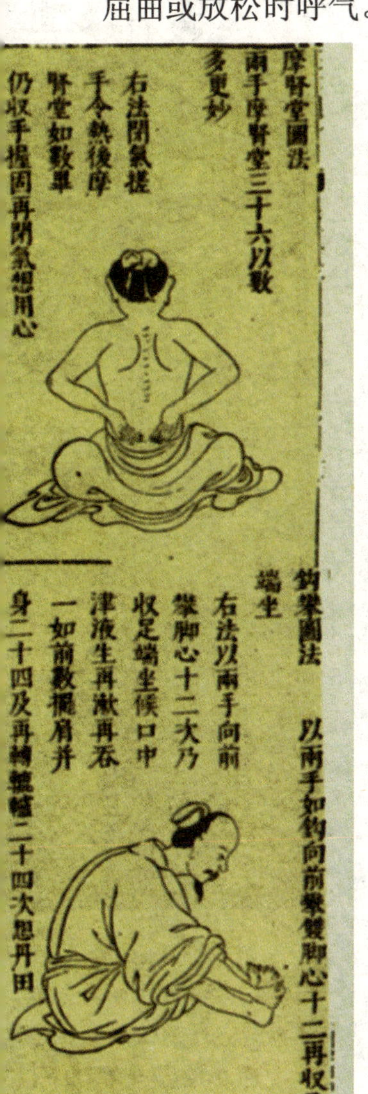

学习八段锦，开始时次数少些，随锻炼时间的延长，逐渐增加每节动作重复的次数。一般每节动作可以做 4～20 次，每天可练整套动作 1～2 次，以微微出汗为度。

运动负荷的掌握应视体质情况而定。体质弱者，动作应舒缓含蓄，均匀沉稳，待锻炼一段时间后，可加大练习强度。

八段锦具有多种保健作用。八段锦锻炼具有活动颈肩腰膝等关节，加强臂力和下肢肌力，强健胸部肌肉群，防治脊柱后突和圆背等不良姿势的作用。在锻炼时，由于自然形成腹式呼吸，加上四肢、躯干的伸展和收缩运动，使胸内压发生变化，横膈上下运动幅度加大，腹肌收缩有力，肺活量增加，促进了肺脏的呼吸和气体交换，对防治慢性支气管炎、肺气肿、肺心病等疾病有非常大的作用。

八段锦根据风格与练法的不同，形成了多种流派。根据练习姿态可分为坐式八段锦与立式八段锦；根据南北的不同又分为文八段与武八段。在众多的八段锦套路中，清代光绪年间定型的立式八段锦成为后来较为稳定和流行的功法。

七

中国武术与表演艺术

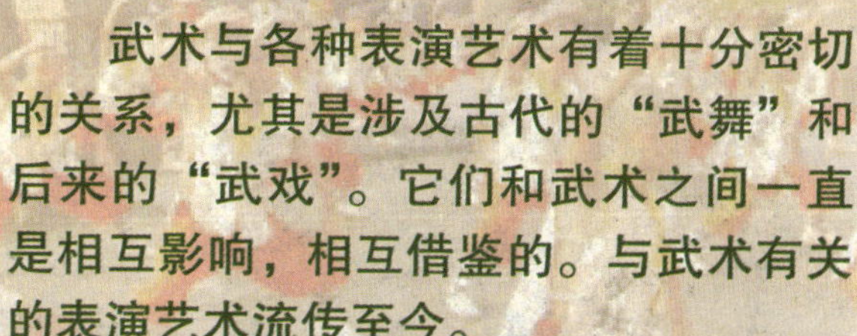

武术与各种表演艺术有着十分密切的关系，尤其是涉及古代的“武舞”和后来的“武戏”。它们和武术之间一直是相互影响，相互借鉴的。与武术有关的表演艺术流传至今。

与武术有关的表演艺术和武术是有本质区别的。这种区别表现为，武术是以技击为主要内容和主要目的的，对于武术来说，具有技击特点的动作是它的主要内容，是它的本质；而与武术有关的表演艺术，则不过是以具有技击特点的动作为手段，目的是为了表现这种艺术形式所需某一情节。

1. 武术与角抵、百戏

角抵是一种力的较量，也称之角力、争交、相扑等等，它是百戏的重要内容，并含有较多的武术因素。“百戏”又名“角抵戏”、“角抵奇戏”，有时也简称“角抵”。初步形成于战国时期，至汉大盛。关于它的起源有两种说法，一种认为百戏源于军中的“讲武之礼”。另一种说法，认为是起源于蚩尤戏。从百戏的表演内容来看，军中习武竞技和民间表演艺术都是其组成部分。

秦汉时代角抵戏十分流行。《史记•李斯传》记有“是时二世在甘泉，方作角抵优俳之观”，便是宫廷角抵表演的记录。而

东汉角抵壁画

汉代有名的角抵戏《东海黄公》，则同时流行于民间与宫廷："三辅人俗用以为戏。汉帝亦取以为角抵戏焉。"（《西京杂记》上）蚩尤戏、角抵戏、《东海黄公》实际上均属角抵表演。这种表演必须具备技击武艺的功夫。据《汉书》记载：汉武帝元封三年，各国使节云集长安，汉武帝举行了一次声势浩大的"角抵"表演，吸引了周围三百里内的百姓都来观看，这意味着当时整个社会都对"百戏"抱有极大的热情。《汉书·武帝记》载："名此乐为角抵者，两两相当角力，角技艺射御，故名角抵，盖杂技乐也。""两两相当"，表明了角抵是一种武术竞技活动，是军事训练的内容，也有供人观赏的功能。

隋唐时期，"百戏"的盛况空前，如通都大邑每至正月十五举行盛大"角抵之戏"，内容有拟兽技、空中技、呈力技、丸剑技、倒立技等。

和林格尔东汉墓壁画《乐舞百戏》

宋元时期，由于表演场所的出现（宋称“瓦子”、“瓦舍”），“百戏”更是精彩纷呈，蔚为大观。“百戏”的竞技意识、审美情趣得到了进一步的丰富和充实，从而达到新的境界。

长期以来，角抵以及百戏中的跳、转、翻、滚、跌、扑等

翻转(敦煌莫高窟第 79 窟唐代壁画)

武技被吸收到武术中，并发展成武术语汇，它不仅提高了武术技术，丰富了武术的表现力，影响了武术的内容和观众的爱好，升华了武术的艺术性，而且形成了武术“技中有武，武中有技”的审美特征，使之卓立于世界武坛之林，独具异彩。

2．武术与舞蹈

乐舞(敦煌莫高窟第465窟元代壁画)

中国舞蹈自创始之初就与武术结下了不解之缘。古代的“舞”与“武”交融，舞中行武，舞中显武，舞中存武。武舞可以说是早期武术与舞蹈的一种交融，它既能表达思想感情及具有娱乐性，同时也有着习武健身的实用性。武舞的动作组合与现今的武术套路有许多相似之处。在武术的技击性、套路演练性与舞蹈的艺术性尚没有充分发展的时期，很难区分武术、武舞与舞蹈。有许多“舞”的形式，既是中华武术之先导，也是当今的舞蹈之源。

随着社会的发展，武术与舞蹈的概念分得越来越清楚。武术逐渐从武舞中分离出来，形成了舞蹈与武术两种风格各异的文化形态。

武术与军事训练密不可分。在战前的阅兵式中，手持作战的兵器跳舞，就是典型的武舞；在制胜之余，往往把那些在战场上赖以制胜的经验即兴表演一番，以示威武和荣耀，这也成为“舞”。古书上说的“手之舞之，足之蹈之”的这种载歌载舞的景象，就是用歌舞来显示武勇凯旋的。古书上说的“振武”、“耀武”和“舞干羽”等，都是显示胜利的武舞。尤其突出的是隋唐时期，时任秦王的李世民，编制了一部歌颂武功的乐舞《秦王破阵乐曲》。它表现了当时军中的武艺及阵战的宏伟气魄，舞分三大段，每段要变化四个阵势，共有 12 个阵势。充分展现了真实生活中的武打击刺场面和战阵的变化。当时的《存阵乐》还被引入杂技艺人的表演之中。另外，历史上还记载了许多以剑舞抒怀的故事，文学作品中亦有许多描写，如有名的《霸王别姬》中虞姬的剑舞；晋代祖逖“中夜闻荒鸡起鸣”而舞长剑。剑舞在诸军百戏里也是重要内容，既有“剑对牌”的表演，也有“七

《霸王别姬》剧照:“虞姬舞剑”

舞剑(敦煌莫高窟第 346 窟五代壁画)

圣刀”武舞之类技艺。剑在十八般兵器中，由于它的动作韵律要求刚柔相济、吞吐分明、运转自如，最易于表达复杂感情。在今天的舞坛上，剑仍是重要舞具。剑舞的长盛不衰深刻反映了中国武术文化与舞蹈艺术互相滋润的历史真实。

中国武术的粗犷、刚健、洒脱、舒展的精神气质，在舞蹈中得以充分的体现。其中，太极拳内外结合的用气方法和粘、绵、连、随的韵律技法特点；长拳中矫健的步法，宛若游龙的身法连接及闪、展、腾、挪的技巧特点正可弥补舞蹈之不足。可以说，武术在完善和升华舞蹈中起着重要的作用。

中国著名舞蹈艺术家吴晓邦曾说：“中国舞蹈的一半是武术。”

3. 武术与杂技

古代武术与杂技同源共生而互补，有重要的血缘关系。如：狩猎工具“弹弓”是早于“弓弩”的古代射猎器，它是最早的武技，最后演化为供人观赏的“弹弓”射准的杂技表演。拉硬弓也是由军事中的兵器“弓”演化而来，杂技表演中，它以力来表现拉硬弓的功夫。而人们根据“绳索石”、“流星锤”等功夫，创造出了“水流星”、“火流星”等杂技表演。在古代武士的骑御之技和养马驯马的过程中，逐渐创造出了马戏。

古代武术与杂技经常交融在一起，许多兵器成为杂技的表演道具，如“飞叉”就是由武术器械演化而来的。杂技艺术中也有许多武艺高强的人物，不仅对中国武术的发展和普及起了有益的作用，有的还成为反抗封建官府、领导被压迫者起义的领袖人物，如李自成起义大军中的红娘子，就是一位武艺高强的走绳杂技艺人。清代康熙年间山西太原的陈四，即是武术家又是杂技艺人。白莲教的起义领袖王聪儿更是剑法高强的杂技艺人，她所领导的起义，震动朝野。至于传统武术的训练方法，自然也为杂技所运用。如“内练一口气，外练筋骨皮”等，正是武术与杂技共通的训练原则。中国武术的硬功和柔术常常被杂技发展成为独具特色的表演节目，至今仍活跃在舞台上。

4. 武术与戏曲

戏曲的起源，出于歌舞。中国戏曲以它独具风采的表演艺术，成为世界重要戏剧体系之一，究其原因，却不单纯在于它的载歌载舞，而主要还在于戏曲中有着极其丰富多彩和规范多姿的武打艺术。中国戏曲的武打艺术是以踢、打、摔、合手、击刺等技击动作为素材，与音乐、唱腔、打击乐等相配合，并随剧情的发展而一气呵成的舞台武术表演形式。武术对戏曲的滋养，不仅为戏曲武功提供了技术，而且还影响了戏曲的内容和观众的喜好，这是一种多渠道、多层次的文化氛围的全面渗透。

宋代戏曲开始成熟，并走向民间。到了元、明、清三代，中国戏曲得到集大成的发展。元代大量出现的战争或搏斗类故事的武戏，称为“脱膊杂剧”。演出这类节目，演员要精于朴刀、杆棒，擅长翻滚跌扑，如明代安徽班就擅长演出像《目莲救母》这样大型的武打戏。

武戏《单刀会》剧照

●《孙悟空三打白骨精》剧照

张岱在《陶庵梦忆》中谈道："余蕴叔演武场搭一大台，选徽班旌阳戏子剽轻精悍，能相扑跌打者三十四人，搬演《目莲》。"该戏表演的如变索、舞垣、翻桌、翻梯、斛斗、蜻蜓、蹬坛、蹬臼、跳索、跳圈、窜火、窜剑之类，充满了整个剧情，武打被大大地渲染了。如武术中的阴阳、八卦、太极等渗透到戏曲中，启发了"子午阴阳身段"、"曲弧线圆场"、"S形舞姿"、"圆形山膀和云手"等戏曲法则，造就了戏曲的虚实相生、形神兼备、动静结合等审美特征和唱、念、做、打、舞等四功五法。

近代的著名京剧武生杨小楼、盖叫天、李少春、张云溪等，

● 盖叫天练鹰展翅

以及以唱功和做工见长的戏曲大师梅兰芳、程砚秋，都是终生精研武术，从中吸取滋养，丰富自己的武打艺术和人物形体美的造型。

中国戏曲的技术和技巧是非常丰富的，从武术中吸收而用的翻、滚、跌、扑，功架姿势，以及拳术和器械套路等巧妙生动的技术动作，丰富了表演者的表现力和感染力。它对中国武术的继承和发展起着非常重要的作用。

5. 武术与文学影视作品

中国伟大的史学家、文学家司马迁所撰的《刺客列传》和《游侠列传》可谓开创了武侠文学之先河。之后，从东汉直至明清相继出现了不少颂扬武侠精神的小说、诗、词和话本等，如《虬髯客传》、《水浒传》、《小五义》、《施公案》、《宝剑金钗》等。尤其是到了20世纪30年代，不仅有评书艺人编创演说了《三侠剑》、《江湖奇侠传》等，而且还出现了中国第一部武打电影《火烧红莲寺》，之后，又拍摄了《荒江女侠》、《江湖二十四侠》、《关东大侠》等数十部武侠影片。

20世纪50年代，中国香港、台湾涌现了多位著名的武侠作家，如金庸、梁羽生、古龙等。他们的代表作品有：《书剑恩仇录》、《飞狐外传》、《雪山飞狐》、《倚天屠龙记》、《天龙八部》、《白发魔女传》、《萍踪侠影》、《绝代双骄》、《陆小凤传奇》等侠客传奇故事，这些作品还借助文学艺术的现代综合表现形式电影电视而走上了荧屏银幕。武术成为武侠小说和电影、电视中极为主要的部分；练功、比武、争霸、复仇，成为它的基本内容。

60年代，武侠电影在香港突起狂潮，一代巨星李小龙把功夫影视推向了世界，让全世界都认识了中国功夫。

李小龙，原名李振藩，小龙是艺名。他曾拜香港咏春拳名

香港影星李小龙

师叶问门下。1971年，李小龙在香港以主演《唐山大兄》而一举成名。其后，他又主演了《精武门》、《猛龙过江》、《龙虎争斗》、《死亡游戏》等。李小龙在这些影视剧中，充分展示了他高超的中国功夫。1973年，李小龙因患急性脑水肿猝然去世，他的遗体被安葬在美国西雅图的一处公墓中。

李小龙去世五年后，成龙在香港崛起。他主演的《蛇形刁手》、《醉拳》、《警察故事》等大获成功，成为好莱坞票房价值最高的华人明星之一。

成龙走红后不久，中国北京也出现了一位武打明星——李连杰。他自1974年至1978年五次蝉联全国武术冠军。1982年，李连杰主演《少林寺》，影片上映后，立刻轰动海内外，并引发了全球争学中国功夫的高潮年。此后又推出了《武林志》、《武

《武林志》剧照

当》等影片。

中国武术以其迷人的魅力，备受广大观众喜爱，并风靡了全世界。武侠电影或电视剧至今仍拥有广大观众的事实是耐人寻味的，其价值在于人们借助自己的想象，创造了理想中的英雄，甚至把自己想象为这样的英雄，并浑然相融为一体，生活中的悲愤、痛苦、不平等借助文学和影视的形式得到宣泄，夸张与虚构的英雄侠举，使人们获得了期待的审美和教育的满足。

结束语

在漫漫历史长河中，中国武术精神已经成为中华人文精神的重要组成部分，它甚至已经成为一种人生态度和人生哲学。

现在，中国武术凌空走向世界，汇入世界体坛，这是一个由古代沿袭下来的传统体育向多元的现代体育过渡的时代，也是一个充满挑战又面临变革的时代。所以它既需要武术工作者开阔视野，放眼世界，又需要觉醒的民族意识；既需要追寻科学精神，又需要人文情怀；既需要打破师承家法，又需要建立多元的传承机制。同时，也应进一步开掘、弘扬中华优秀文化，主动、积极地吸取世界各国的优秀文化；在传统性与现代化的冲突中，遵循延续与变异的发展规律，应以个性化与社会性的深度融合为基础；以奥运体育思想和现代竞技体育的要求重新诠释、激活传统武术中的有生命力的搏击意识与体育精神；多向度、多层面拓展武术的现代价值取向；在改革的洗礼下，抖落传统武术中的糟粕尘垢，使其古朴的光彩辐射到奥林匹亚。

中国历史年代表

<table>
<tr><td colspan="3">五帝</td><td colspan="2">约前 2900—约前 2000</td></tr>
<tr><td colspan="3">夏</td><td colspan="2">约前 2070—前 1600</td></tr>
<tr><td rowspan="2">商</td><td colspan="2">商前期</td><td rowspan="2">前 1600—
前 1046</td><td>前 1600—前 1300</td></tr>
<tr><td colspan="2">商后期</td><td>前 1300—前 1046</td></tr>
<tr><td rowspan="4">周</td><td colspan="2">西周</td><td rowspan="4">前 1046—
前 256</td><td>前 1046—前 771</td></tr>
<tr><td colspan="2">东周</td><td>前 770—前 256</td></tr>
<tr><td colspan="2">春秋</td><td>前 770—前 476</td></tr>
<tr><td colspan="2">战国</td><td>前 475—前 221</td></tr>
<tr><td colspan="3">秦</td><td colspan="2">前 221—前 206</td></tr>
<tr><td rowspan="2">汉</td><td colspan="2">西汉</td><td rowspan="2">前 206—
公元 220</td><td>前 206—公元 25</td></tr>
<tr><td colspan="2">东汉</td><td>25—220</td></tr>
<tr><td rowspan="3">三国</td><td colspan="2">魏</td><td rowspan="3">220—280</td><td>220—265</td></tr>
<tr><td colspan="2">蜀汉</td><td>221—263</td></tr>
<tr><td colspan="2">吴</td><td>222—280</td></tr>
<tr><td rowspan="2">晋</td><td colspan="2">西晋</td><td rowspan="2">265—420</td><td>265—317</td></tr>
<tr><td colspan="2">东晋</td><td>317—420</td></tr>
<tr><td rowspan="4">南北朝</td><td rowspan="4">南朝</td><td>宋</td><td rowspan="4">420—479</td><td>420—589</td></tr>
<tr><td>齐</td><td>479—502</td></tr>
<tr><td>梁</td><td>502—557</td></tr>
<tr><td>陈</td><td>557—589</td></tr>
</table>

续表

	北朝	北魏	386－581	386－534
		东魏		534－550
		北齐		550－577
		西魏		535－556
		北周		557－581
隋			581－618	
唐			618－907	
五代	后梁		907－960	907－923
	后唐			923－936
	后晋			936－947
	后汉			947－950
	后周			951－960
宋	北宋		960－1279	960－1127
	南宋			1127－1279
辽			907－1125	
金			1115－1234	
元			1206－1368	
明			1368－1644	
清			1616－1911	
中华民国			1912－1949	
中华人民共和国			1949－	

《中华文明史话》

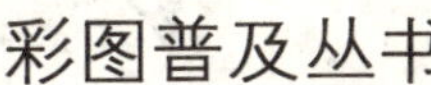

文明起源史话

黄河史话

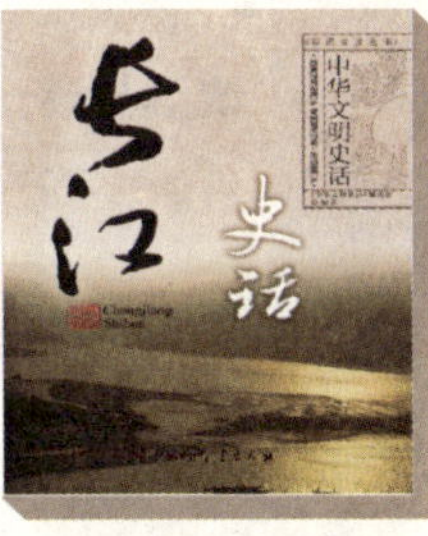

长江史话

长城史话

体育史话

杂技史话

小说史话

饮茶史话

书法史话

服饰史话

古塔史话

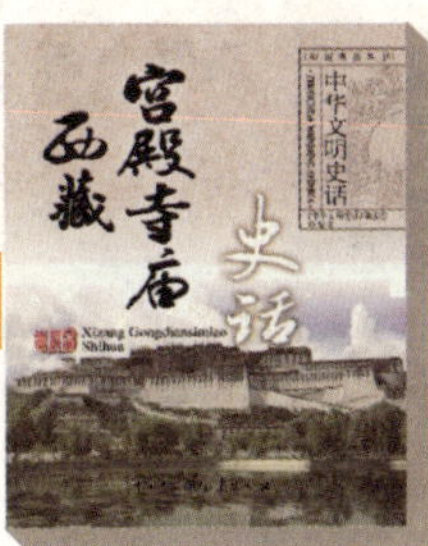

西藏宫殿寺庙史话

七大古都史话

故宫史话

民居史话

饮酒史话

绘画史话

诗歌史话

园林史话

孔庙史话

武术史话

戏曲史话

瓷器史话

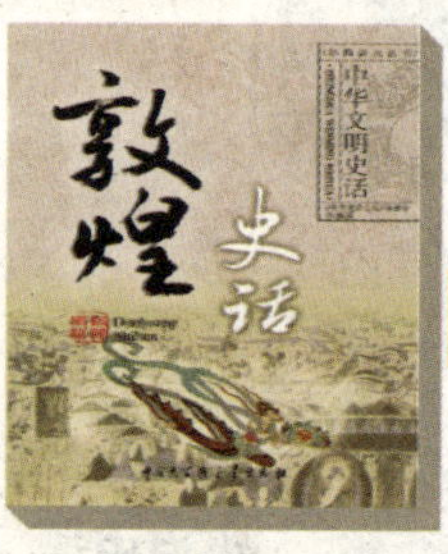

敦煌史话

陶器史话

丝绸史话

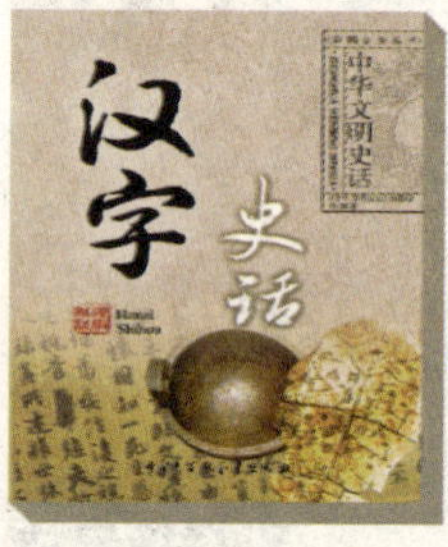

汉字史话

节日史话